Peter K. Keller: **L**achen **S**ingen **T**anzen

Verlag Via Nova

Peter K. Keller

LACHEN

SINGEN

TANZEN

Quellen der Lebensenergie

Verlag Via Nova

1. Auflage 2013

Verlag Via Nova, Alte Landstr. 12, 36100 Petersberg

Telefon: (06 61) 6 29 73

Fax: (06 61) 96 79 560

E-Mail: info@verlag-vianova.de

Internet: www.verlag-vianova.de / www.transpersonale.de

Umschlag: Guter Punkt, München

Satz: Sebastian Carl, 83123 Amerang

Druck und Verarbeitung: Appel und Klinger, 96277 Schneckenlohe

ISBN 978-3-86616-249-5

Widmung

Dieses Buch widme ich meiner Frau Konstanze
sowie allen Menschen, die auf der Suche nach Liebe
und Freude sind.

Inhaltsverzeichnis

1.

Einführung

Halt an, wo läufst du hin?
Der Himmel ist in dir.
Suchst du ihn anderswo,
du irrst dich für und für.

Angelus Silesius, Mystiker (1624 – 1677)

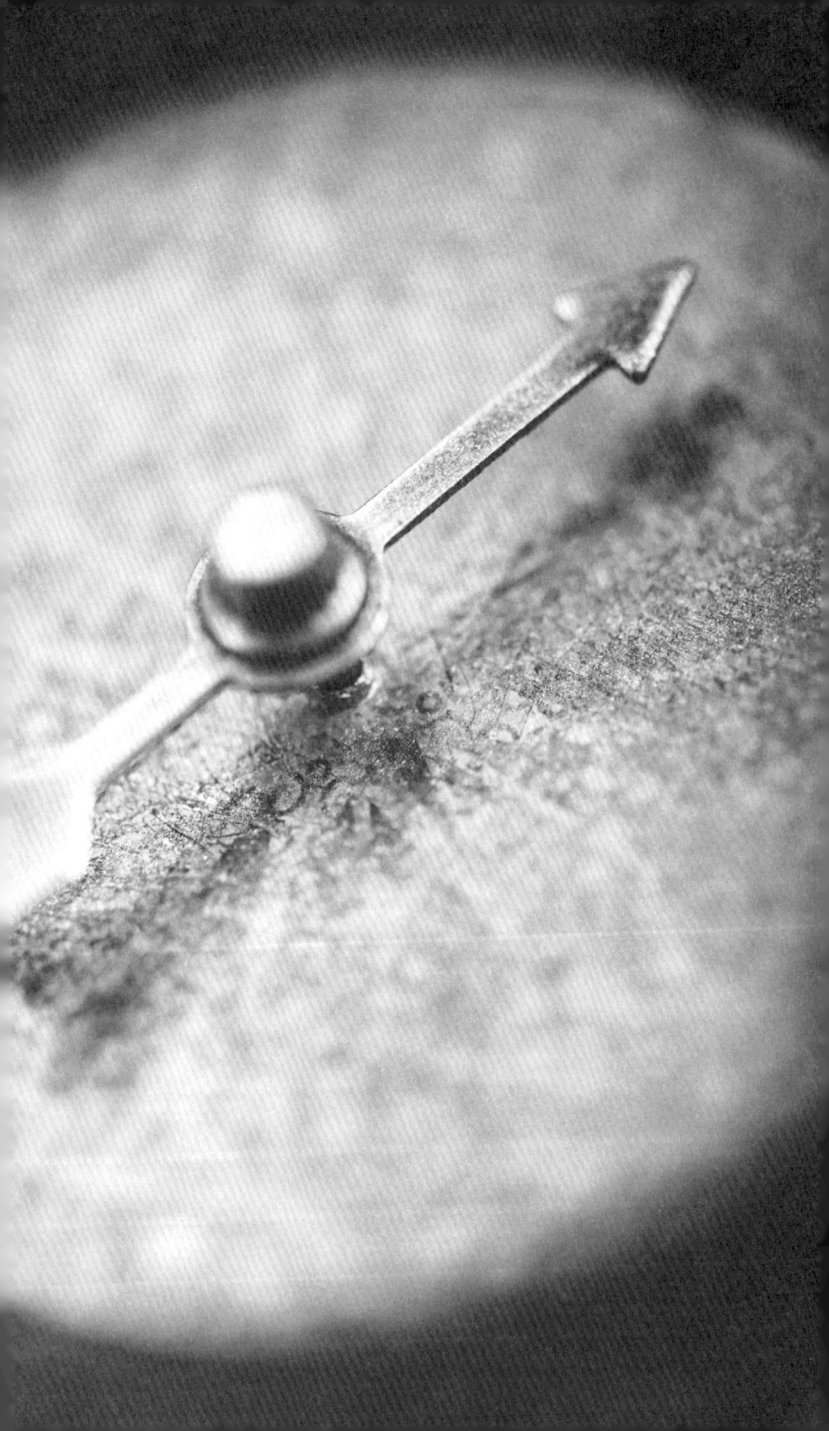

Vorwort

Trotz verzweifelter Anstrengungen gelingt es der Schulmedizin nicht, die vielen Krankheiten in den Griff zu bekommen. Deshalb suchen heute immer mehr Patienten Hilfe in der Alternativmedizin und geraten so wenigstens nicht in die Falle der Nebenwirkungen.

Die meisten Ärzte sind sich nicht mehr der Selbstheilungskräfte bewusst, die jedem Menschen zur Verfügung stehen. Schließlich wird ja auch nur an solchen Kranken verdient, die ihre Praxis aufsuchen.

Unser ganzes Gesundheitswesen ist krank. Nur ein grundsätzliches Umdenken kann uns aus dieser Misere herausführen. Solange wir mit der Einstellung erlernter Hilflosigkeit lediglich im Äußeren Hilfe suchen, übergehen und übersehen wir das gewaltige Potential, das in unserem Inneren schlummert.

Dieses Buch will Ihnen eine Hilfe zur Selbsthilfe an die Hand geben. Ich selbst war von den Ärzten aufgegeben, da meine Krankheit (Systemischer Lupus erythematodes) nach neuesten wissenschaftlichen Erkenntnissen als „unheilbar" gilt. Die starken Medikamente untergruben zusehends meine Lebenskraft und lösten eine ganze Lawine neuer Beschwerden aus. Mein „Todesurteil" wurde zwar nicht gleich vollstreckt, sondern nur hinausgeschoben.

Ich befand mich eine Zeit lang wie unter Hypnose und fühlte mich als wehrloses Opfer. Allmählich aber befreite ich mich aus den Fesseln der Schulmedizin durch das Lesen von Büchern, die von Spezialisten der modernen Energiemedizin geschrieben wurden. Dadurch gelang es mir, wieder Hoffnung zu schöpfen und meine eigenen Gedanken und Aktivitäten gegen das harte Urteil der Schulmedizin zu setzen. Ich erlebte die Heilkraft meiner inneren Drogen, die ich selbst auslösen konnte.

Damit entdeckte ich nichts grundlegend Neues. Schon die Urvölker und alle Ur-Religionen wussten um diese Einsichten und praktizierten sie bereits vor Jahrtausenden. Die heutige Energiemedizin greift diese Weisheiten lediglich wieder auf und hat damit bereits großen Erfolg.

Mit Lachen, Singen und Tanzen (LST) durfte ich schließlich vollkommene Heilung erfahren. Ich konnte alle schädlichen Medikamente weglassen, die mich vorher in immer neue Krankheiten verbannten.

Viele Leser werden dieser „Wunderheilung" kritisch gegenüberstehen. Ich habe bei all den Lügen, die uns heute ständig aufgetischt werden, Verständnis für dieses Misstrauen. Ein altes Sprichwort rät aber: „Studieren geht über probieren!"

Ob wir es schaffen, uns von einer „unheilbaren Krankheit" zu befreien, hängt von verschiedenen Faktoren ab, die wir aber zum größten Teil selbst beeinflussen können. Der Glaube an uns selbst spielt dabei eine wichtige Rolle.

Wie weit auch Ihr Heilungsprozess fortgeschritten sein mag, in jedem Falle wird LST Ihr Leben bereichern.

Einleitung

Der Reichtum, den uns das industrielle Zeitalter und die Konsumwelt bescherten, hat unser gesamtes Denken und Streben nach außen hin fixiert. So verlernten wir, in uns selbst Einkehr zu halten. Wir werden kaum mehr der Schätze inne, die in uns warten, wieder entdeckt zu werden.

Das erinnert mich an die Geschichte eines Mannes, der auf der Straße verzweifelt unter einer Laterne seinen Hausschlüssel suchte und nicht fand. Ein Passant wollte ihm helfen und fragte ihn, wo er ihn denn verloren hätte. Er antwortete, dass es im Hause geschah, aber weil es drinnen dunkel sei, suche er lieber draußen, wo es hell ist.

Wie dumm von diesem Mann, werden wir denken, auf diese Weise wird er den Schlüssel wohl nie finden. Aber ebenso töricht verhalten wir uns selbst, wenn wir danach trachten, unsere Wünsche im Äußeren zu befriedigen und die inneren Schätze weder wahrnehmen noch nutzen.

In früheren Zeiten, in denen diese äußere Fülle nicht geboten wurde, gingen die Menschen noch mehr in sich. Heute sind wir durch den ganzen Firlefanz so betrunken und geblendet, dass wir den inneren Weg völlig aus den Augen verloren haben.

Um ihren Gewinn immer noch mehr zu steigern, versucht uns die Konsumwelt mit allen möglichen Mitteln zu verführen. Um mit dem Beispiel des Atems zu sprechen, wirkt das so, als ob wir bloß noch einatmen und das Ausatmen ganz vergessen. Ähnlich schwerwiegende Folgen hat das „Nur-nach-draußen-Schauen und dort leben", was den gesunden Rhythmus des Lebens stört und zerstört. Das wirkt sich auf allen Gebieten katastrophal aus.

Wurde in früheren Zeiten jemand krank, so mussten der Patient und seine Familie selbst Abhilfe schaffen. Weit und breit war kein Arzt, den man hätte aufsuchen können. Der Patient versuchte deshalb, zur Ruhe zu kommen und nachzudenken. Er hörte auf seine innere Stimme, die ihm Diagnose und Therapie ermöglichte. Er nutzte seine Selbstheilungskräfte und gesundete normalerweise. Wir leiden heute allgemein unter einer erlernten Hilflosigkeit und suchen deshalb lediglich Hilfe im Äußeren.

Aber nicht nur auf dem Gesundheitssektor, auch bei vielen anderen Gelegenheiten handeln wir ähnlich. Wir wenden uns bei Problemen stets an „Autoritäten", von denen wir Rat erhoffen. Viele Auskünfte aber sind durch Projektionen der Ratgeber verfärbt und können uns in die Irre führen. Wenn wir es gelernt haben, auf die innere Stimme zu hören, wird sie uns im Labyrinth des Lebens stets den rechten Weg zeigen.

Freilich ist es bequemer, alles im Äußeren „einzukaufen", statt im Inneren zu suchen. Für den äußeren Weg bedarf es heute praktisch nur des Geldes. Der innere Weg hingegen ist oft mühevoll auszumachen und zu gehen. Alle Weisheitslehren zeigen uns den rechten Weg nach innen, während uns die moderne Welt stets nach außen drängt.

Dieses Buch will uns in einer Zeit der Irrungen und Wirrungen einen Weg nach innen zeigen. Während die Außenwelt mit Befriedigungen lockt, verspricht uns das Innere echte Freude, Unabhängigkeit und Freiheit, die wir im Grunde alle suchen. Im Äußeren werden wir immer den Rhythmus von Aufstieg und Fall erleben. Im Inneren finden wir Möglichkeiten, um allen Problemen des Lebens mit Kraft und Überlegenheit begegnen und sie schließlich lösen zu können.

Wenn wir unsere Innenwelt mit all ihren Schätzen wieder entdeckt haben, können wir auch in der Außenwelt erfolgreich agieren. Wir haben dann in der Wüste eine Oase gefunden, in die wir uns jederzeit zurückziehen und auftanken können. Unser Lebensatem ist dann wieder im rechten Rhythmus.

LST zeigt uns den Weg nach innen. Von dort aus können wir in der Welt erfolgreich handeln, ohne von ihr abhängig zu sein oder von ihr erdrückt zu werden.

Meine Selbstheilung mit LST

Der amerikanische Journalist Norman Cousins schrieb über seine Selbstheilung das Buch „Der Arzt in uns". Es wurde ein Bestseller. Nach Ansicht seiner behandelnden Ärzte hatte er nur eine Chance von 1 zu 500, wieder gesund zu werden. Er verließ nach dieser aussichtslosen Diagnose das Krankenhaus und praktizierte mutig seine eigene Therapie. Wie er schreibt, heilte er sich hauptsächlich durch Lachen und durch eine gesunde Ernährung mit viel Vitamin C. Er kaufte sich lustige Filme, die ihn in heitere Stimmung versetzten. Das war sein Weg zur Gesundung, die ihm die Ärzte hinterher eindeutig bestätigten. Es lohnt sich, dieses kleine Buch zu lesen, denn nicht alle hätten in seiner ausweglosen Situation die Courage, den Prophezeiungen von Autoritäten zu widersprechen und sich auf eigene Beine zu stellen.

Auch ich erkrankte eines Tages und musste ins Krankenhaus. Es dauerte Monate, bis ein Arzt endlich meine Krankheit diagnostizierte. Es war eine seltene Rheumaerkrankung, die von Ärzten weit schlimmer als Krebs erachtet wird und als unheilbar gilt. Nach dieser „Urteilsverkündung" des Chefarztes war ich niedergeschlagen und fühlte mich völlig hilflos. Die Schmerzen waren kaum auszuhalten, bis ich endlich eine wirkungsvolle

Arznei erhielt. Die Wirkung bezog sich allerdings nur auf die Symptome. Heilung war ja schulmedizinisch ausgeschlossen.

Ich fühlte mich wie ein Gefangener, der soeben lebenslänglich erhielt bzw. sein Todesurteil vernahm. Mein Hausarzt, ein hervorragender Arzt, aber eben auch ein Schulmediziner, sagte mir, dass ich nun nicht mehr singen könne, sondern mich sehr schonen müsse. Zunächst einmal ergab ich mich in mein Schicksal. Mit den Tabletten, die ich immer einnehmen musste, hatte ich zwar keine Schmerzen mehr, aber meine Lebensqualität schrumpfte durch diese „Gifte" auf ein Minimum. Die im Beipackzettel aufgeführten Nebenwirkungen waren so verheerend, dass ich sie mir gar nicht erst bewusstmachen wollte. Aber ich konnte sie nicht übersehen, da sie von nun an durch verschiedene Beschwerden auftraten. Augen und Ohren litten darunter, daneben machten mir meine Lunge und die Bronchien schwer zu schaffen. Meine Haut veränderte sich und auch alle Schleimhäute. So wollte ich nicht weiterleben.

Ich machte mich also auf den Weg, um aus dieser Misere herauszufinden. Dabei fand ich eine Ärztin, die mir sagte, dass sie große Erfahrung mit Autoimmunkrankheiten habe. Das sollte sich als richtig herausstellen. Sie ermutigte mich, weiter zu singen und weiter Bücher zu schreiben, da das bestimmt gut für mich wäre. Diese Kreativität ließ mich mit der Zeit meine Selbstheilungskräfte spüren. Neben den von den Schulmedizinern verordneten Medikamenten gab sie mir verschiedene Naturheilmittel, so dass ich die chemischen Arzneien allmählich abbauen konnte. Nun fasste ich immer mehr Mut und versuchte, mich mit allen mir möglichen Mitteln aus meiner Lage zu befreien. Ich las Bücher über Selbstheilungskräfte. Auch Yogaübungen praktizierte ich in zunehmendem Maße wieder. Deutlich spürte ich, wie mich das stärkte und aus meiner Hilflosigkeit heraushalf.

In einem Buch las ich über die Heilkraft des Tanzens und des Lachens, das bereits viele Urvölker praktizierten. Sofort merkte ich, wie gut mir das alles tat. So baute ich in mein morgendliches Fitnessprogramm Lachen, Singen und Tanzen ein und machte es zu meiner ganz persönlichen Droge, zu meiner Medizin. Nach einiger Zeit lud ich meinen Hausarzt ein und sang ihm meine Lieder vor. Es ehrt diesen Mann sehr, dass er beim Abschied bekannte: „Herr Keller, Sie haben mir heute neue Türen geöffnet."

Ich lebte sehr diszipliniert und brachte es mit meinem LST bald so weit, dass ich alle schulmedizinischen Medikamente einschließlich Kortison völlig weglassen konnte. Meine Laborwerte sind nun wieder normal, und ich fühle mich wie neu geboren.

Mit diesem persönlichen Erfahrungsbericht meiner Heilung möchte ich allen Menschen Mut machen, die in eine ähnlich aussichtslose Situation kommen. Letztlich gibt es keine unheilbaren Krankheiten, wie die Schulmedizin immer wieder behauptet. Sie schließt damit nur unsere eigenen Selbstheilungskräfte aus. Das ist ein folgenschwerer Irrtum, der schon vielen Patienten das Leben kostete. Meine Heilung nahm ich zum Anlass, dieses Buch zu schreiben, um „hilflose" Patienten mündig zu machen und ihre Selbstheilungskräfte anzuregen.

Moderne Energiemedizin

Die moderne Heilkunde besinnt sich immer mehr der Energiemedizin, die schon vor Jahrtausenden bei allen Urvölkern An-
wendung fand. Oft beobachten wir, dass wir in Stresssituationen
viel häufiger Krankheiten erliegen, als wenn wir ausgeglichen
und voller Energie sind. Von unserem Energieniveau hängen
also Gesundheit oder Krankheit ab.

Zum einen ist eine starke oder schwache Energie Veranlagungs-
sache. Auf der anderen Seite jedoch können wir das Ererbte
weiter ab- oder aufbauen. Mein „Erbe" war in dieser Hinsicht
gering. Durch sportliches Training, Yoga und Joggen erarbeitete
ich mir aber ein beträchtliches Energieniveau. Auch eine Ernäh-
rungsumstellung hin zu natürlichen, unbearbeiteten Produkten
und mentales Training erwiesen sich dabei als außerordentlich
hilfreich. Durch solche Maßnahmen können wir den „Riesen"
in uns entdecken und uns immer mehr aus unserem „Zwergen-
denken" und unserer erlernten Hilflosigkeit befreien. Wir holen
uns so die Macht zurück, die uns der Schöpfer gab.

Allerdings erfordert das Anstrengungen, die aber letztlich reich
belohnt werden. Es geht uns dabei wie all den Märchenfiguren,
die sich aus schlimmsten Situationen befreien. Auch wir können
so zu Königen im eigenen Reich werden.

Wer nicht bereit ist, selbst tätig zu werden, lässt sich von der Schulmedizin und Pharmaindustrie bequem bedienen. Auf diese Weise kann man recht schnell lästige Symptome „wegzaubern", allerdings zum Preis von Energieverlust und gefährlichen Nebenwirkungen, die weitere und noch schlimmere Krankheiten im Gefolge haben.

Die moderne Energiemedizin versucht den gesundheitsschädlichen Produkten der Pharmaindustrie auszuweichen und die körpereigenen Selbstheilungskräfte zu stärken. Der geniale Arzt und Entdecker der Homöopathie, Gustav Hahnemann, der seiner Zeit weit voraus war und deshalb natürlich auch verfolgt wurde, hat mit einem Minimum an medikamentösen „Eingriffen" ein Maximum an Wirkungen erzielt. Mit wenigen Globuli erlebte ich selbst eine Umstrukturierung und Heilung meines Energiesystems.

Edward Bach erreichte mit Auszügen aus Pflanzen ähnlich großartige Ergebnisse. Wer einmal die Wirkung solcher praktisch immaterieller Stoffe erlebt hat, kann sich nicht mehr dem Spott mancher Schulmediziner anschließen, die sich die enormen Erfolge durch diese „Nichtigkeiten" nicht vorzustellen vermögen. Sie enthalten ja kaum Materie, dafür aber geistige Informationen, die gewaltige gesundheitliche Transformationen bewirken können. Die „Bomben" der Schulmedizin haben mir im Moment zwar unangenehme Symptome beseitigt, auf längere Sicht aber eine Krankheit nach der anderen beschert.

Schiller sagt uns, dass der Geist den Körper baue. Die Energiemedizin versucht, diesen Weg mit wachsendem Erfolg zu gehen.
Auf unschädliche Art stärkt sie damit unsere Selbstheilungskräfte. LST kann als eine Art Energiemedizin betrachtet werden.

Der Zopf des Münchhausen

Münchhausen erzählt uns, dass er sich an seinem eigenen Zopf aus dem Sumpf zog. Natürlich ist so etwas nicht möglich, und dennoch können auch wir das „Unmögliche" praktizieren. Alle großen Erfinder, Künstler und kreativ Schaffenden haben uns das bewiesen. Wenn wir die Flügel unseres Geistes und unserer Seele einsetzen, dann sind auch wir dazu im Stande. Aber so wie jeder Vogel am Anfang erst einige Zeit üben muss, um sich aus seinem bequemen Nest zu erheben, so müssen auch wir zuerst probieren und trainieren.

Wie lange hat es doch gedauert, bis der Mensch endlich seinen Traum erfüllen und ein Flugzeug konstruieren konnte. Nun ist es an der Zeit, dass wir uns geistig über die Dinge erheben, die uns belasten und krank machen. Die meisten glauben aber immer noch an die „Chemiebomben", nicht ahnend, welche fatalen Folgen dadurch ausgelöst werden.

Die einzige Möglichkeit, mit all unseren Problemen fertig zu werden, besteht darin, uns wieder aus dem Sumpf des rein Materiellen herauszuziehen und uns dem Geistigen zuzuwenden. Es gilt, beides fruchtbar zu verbinden.

Ein Philosoph sagte einmal, dass Arbeit immer helfe, wenn alles andere versage. Keinesfalls dürfen wir ins Grübeln verfallen, sondern müssen vielmehr handeln. Als ein Meister eines Tages seinem Schüler riet, er solle doch kreativ tätig werden, antwortete dieser, dass es ihm im Moment nicht gut gehe. „Mein Freund", entgegnete der Ratgeber, „alle großen Leistungen in der Welt sind gerade von den Menschen erbracht worden, denen es nicht gut ging."

Ich kann das nur bestätigen. Meine besten Bücher und Kompositionen schuf ich in schweren, fast aussichtslosen Zeiten. Sie waren mein Rettungsanker und machten letzten Endes meinen Lesern und Hörern Mut, niemals aufzugeben. Viele große Schaffende waren körperlich behindert, manche blind oder taub. Diese Hindernisse aber benutzten sie als starke Motivation, die ihnen ungeahnte Kräfte verlieh.

LST gibt uns gleich mehrere „Zöpfe" an die Hand, um uns aus unseren „Sümpfen" herauszuziehen. Ich selbst habe schon immer gesungen, und das Singen hat mein Leben transformiert. Trauer verwandelte ich so in Freude, Schwäche in Stärke, Furcht in Mut.

Da ich in jungen Jahren eher ernst war, kam ich aufs Lachen und Tanzen erst später. Ich versuche heute, Lachen als ständigen Wegbegleiter „anzuheuern", und es zahlt sich im wahrsten Sinne des Wortes reichlich aus. Auf das Tanzen ohne Partnerin kam ich erst zuletzt. Ich hätte nie gedacht, dass man sich dadurch dermaßen regenerieren kann.

Nun sind wir Menschen natürlich sehr verschieden. Viele erleben Ähnliches beim Joggen oder Radfahren oder einer anderen Sportart, wenn sie nicht unter Leistungsdruck stehen. In jedem Falle aber rate ich, LST zu probieren. Wenn manche skeptisch sein sollten, was die Wirkung betrifft, so kann ich sie gut verstehen. Hätte ich doch selbst noch vor einigen Jahren daran gezweifelt. Man muss es selbst erleben. Wer kann über die Liebe sprechen, wenn er sie noch nie erlebt hat. Schon Buddha lehrte, dass wir ohne Erfahrungen wie Blinde durchs Leben tappen. Unser eigenes Erleben ist maßgebend, nicht das, was wir vom Hörensagen kennen. Nicht das Wissen macht die Persönlichkeit, sondern eigene Erlebnisse, soweit sie nicht vom Ego verzerrt sind.

Probieren geht auch hier über Studieren. Wie Recht doch der Volksmund wieder einmal hat. Experimentieren Sie also und trauen Sie dann dem Erlebten.

Humor

Humor kann unser ganzes Leben durchsonnen und verwandeln. Doch die meisten von uns huldigen viel zu sehr der Krankheit „Ernst".

Viele Lebenslehrer sehen im Humor die höchste Lebenseinstellung. Würde in der Familie, in der Schule, im Alltag mehr gelacht werden, so sähe es überall anders aus. Humor ist wie Öl, das überall eine Reibungslosigkeit erzielt.

Während uns zu großer Ernst in alle möglichen Schwierigkeiten verwickelt, bringt uns Heiterkeit weiter. Normalerweise lachen wir gerne über andere. Das ist Böswilligkeit, aber keinesfalls Humor. Wir sollten vielmehr lernen, über uns selbst zu lachen.

Der Humorvolle kann sich über alles erheben, und plötzlich sieht die Welt ganz anders aus. Er kann die Dinge von einer anderen Warte aus betrachten. Über Schwierigkeiten, über die er sich zuvor empörte, kann er sich nun hinwegsetzen.

Echter Humor löst wie das Lachen Glückshormone aus, die uns beflügeln. Er lehrt uns auch die Leichtigkeit des Seins. Wie oft sind wir schwerfällig und kleben am Boden, obwohl wir uns doch nach oben aufrichten sollten.

Ich habe bisher nur wenige humorvolle Menschen kennen gelernt, die ihr Leben und das ihrer Umgebung vergoldeten. Meine
Eltern und Lehrer waren meist ernst, und ich glaubte damals,
das sei ein Zeichen von hoher Intelligenz. Heute weiß ich, dass
es eher ein Merkmal mangelnder Intelligenz ist.

Der Volksmund hat schon immer die ganzheitliche Bedeutung des
Lachens und des Humors hoch eingeschätzt. Wir kennen solche
Aussprüche wie „Lachen ist gesund" und „Lachen ist die beste Medizin". Die moderne Heilkunde hat bewiesen, dass wir intelligente
Zellen haben, die gemäß unserer Worte, Gefühle und Handlungen
reagieren und sie umsetzen. Die Energiemedizin wendet die Heilwirkung von Lachen und Humor schon jahrelang erfolgreich an.

Humor hilft, Schwierigkeiten zu meistern, Stress zu verringern,
die Blutgefäße fit zu halten, Arteriosklerose zu verhindern und
die Gesundheit zu fördern. In manchen Fällen rettete eine humorvolle Einstellung sogar Leben. In den Konzentrationslagern
überlebten manche nur durch ihren Galgenhumor, zu dem sie
sich erzogen hatten. Viktor Frankl, der große Psychotherapeut
und ebenfalls ein Opfer der Judenverfolgung, sprach von der
„Trotzmacht des Lachens", durch die er sein Leben rettete. In
einer Zeitung las ich einmal, dass die Ärzte eigentlich „Lachen
Sie" auf ihr Rezept schreiben müssten.

Seit vielen Jahren liegen uns Berichte über den Einsatz der
Lachtherapie in Krankenhäusern vor. In Amerika wird das Lachen
z. B. bei Krebspatienten mit Erfolg eingesetzt. Der Therapeut

bringt in seinem „Lachmobil" lustige Bücher und Filme an die Krankenbetten. Den Patienten soll dabei geholfen werden, wenigstens zeitweise von ihrem Leiden Abstand zu nehmen und auf andere Gedanken zu kommen. Kinderärzte in Clownskostümen „behandeln" Kinder mit großem Erfolg. Überall werden Kranke von so genannten „Lachärzten" versorgt.

Deutsche Professoren untersuchten bei Studenten den Zusammenhang von Krankheit und Humor und stellten fest, dass diejenigen, die lachen konnten, die wenigsten körperlichen Beschwerden aufwiesen.

Solche Forschungen gibt es heute in fast allen Ländern der Welt, und alle stellen einen positiven Zusammenhang von Humor und Gesundung fest. Humor stärkt offensichtlich das Selbstwertgefühl und das Immunsystem und hilft bei Stressbewältigung.

Beim Lachen werden im Gesicht 17 verschiedene Muskeln und im ganzen Körper 80 Muskeln angeregt. Diese Veränderung der Gesichtsmuskulatur unterstützt die Blutversorgung im Gehirn. Ein vermehrter Blutzufluss ist deutlich festzustellen. Das verbessert die Stimmungslage z. B. bei Depressionen enorm.

Der Hirnforscher Michael Titze stellte fest, dass beim Lachen durch das Heben und Senken des Zwerchfells die darunter liegenden Organe Leber, Galle und Bauchspeicheldrüse massiert und durchblutet werden. Er betrachtet das Lachen als perfektes Wellness-Programm.

Die Lachforschung konstatiert folgende Auswirkungen des Lachens auf die Gesundheit: Stresshormone werden abgebaut – Die Atmung wird intensiviert – Der Blutdruck wird gesenkt – Das Herz-Kreislauf-System wird aktiviert – Das Immunsystem wird stabilisiert – Entzündungshemmende Stoffe werden mobilisiert.

Das sind nur einige wichtige „Folgen" von Humor und Lachen. Es gibt viele weitere „Nebenwirkungen" dieser Lebenseinstellung. Entscheidend ist letztlich, dass wir Humor und Lachen zu allen möglichen Anlässen praktizieren und unsere Mitmenschen damit „infizieren". Kinder lachen bis zu 400 Mal am Tag, Erwachsene leider nur noch 15-mal.

Überall in der Welt werden heute Lachclubs gegründet. Auch wir können zum Lachen beitragen und auf diese Weise Freude verbreiten.

Keep smiling

Wer kennt nicht diesen Ausdruck! Wohl jeder ist ihm schon einmal begegnet. Aber wer kann sich rühmen, diesen Aufruf wenigstens hie und da einmal in die Tat umzusetzen oder ihn gar zu einer lieben Gewohnheit werden zu lassen? Auch hier wirkt sich die Einsicht erst dann positiv aus, wenn sie praktiziert wird. Nur wenn das Denken sich mit dem Tun verbindet, erleben wir den vollen Genuss der Wirkung. Aus diesem Grunde habe ich in meinem Arbeitszimmer an gut sichtbarer Stelle das Wort „Lächle" aufgehängt, das mich immer wieder an meine Gedächtnislücken erinnert.

Unsere gesamte Ausbildung stopft uns zwar mit Wissensmüll voll, aber meist finden wir nicht den Weg zum Handeln. So gleicht das Wissen einem appetitanregenden Buffet, das wir nur staunend betrachten, ohne es zu genießen. Vom reinen Ansehen aber ist keinerlei Wirkung zu erwarten. Wenn wir nicht auch tätig werden und uns etwas einverleiben, werden wir hungrig bleiben.

Dieses Beispiel ist uns sehr einsichtig. Im Falle von Wissen und Praktizieren jedoch fehlt uns meist das Verständnis, und wir gelangen nicht zum zweiten Schritt. Der Weg zum persönlichen und beruflichen Erfolg erfordert aber stets auch das Tun. Nur so konmen wir ans Ziel.

„Keep smiling" möge uns immer begleiten und unser Denken und Tun durchsonnen. Auf diese Weise verlassen wir die holprigen Wege und gelangen auf Erfolgsstraßen. Das Lächeln erfüllt uns ständig mit einer starken Energie. Unser Lebensmotor gewinnt mächtig an PS, und wir fahren mit dem besten Sprit (Spirit), den es überhaupt gibt.

Gesunde Kinder spielen und arbeiten gewöhnlich auf diese Art und Weise, wenn wir ihren Instinkt nicht durch unsere merkwürdigen Erziehungsmethoden verderben. Sie lachen und sind von Freude erfüllt. Sie werden nie müde, da ihre Fröhlichkeit ihnen immer wieder neue Energien liefert.

Wir Erwachsene können von ihnen nur lernen, indem wir unsere Arbeiten nicht in geliebte und ungeliebte einteilen bzw. zerteilen. Bei allen Tätigkeiten, die wir lächelnd und mit Freude verrichten, erzielen wir ohne Anstrengung stets Erfolg.

Das innere Lächeln

Taoistische Meister entdeckten das Geheimnis, dass man durch das innere Lächeln die Organe ansprechen und pflegen kann. Mantak Chia, der große Lehrer des Tao Yoga, brachte die östliche Tradition als ganzheitliches System in den Westen. In seinen Büchern betont er immer wieder die enorme Kraft des inneren Lächelns. Er sagt uns, dass es wärmend und heilend wie Musik wirkt und Gesundheit, Glück und ein langes Leben schenkt. Auf diese Weise können wir unser bester Freund werden und in Harmonie mit uns selbst leben. Leider sind wir gegenüber den Empfindungen unserer Organe abgestumpft, aber durch das Lächeln können wir wieder mit ihnen Kontakt aufnehmen.

Für das innere Lächeln schließen wir am besten die Augen. Auf diese Weise lösen wir den Geist aus seiner Verspannung, die oft den ganzen Körper durchzieht. Das Hinunterlächeln in die Organe sollte wie ein Wasserfall sein. Meist sind Kiefer, Nacken und Hals verspannt. Lächeln wir hinein, so schmelzen die Verspannungen dahin. Wenn wir in den Kehlkopf lächeln, stärken wir die persönliche Ausdruckskraft und pflegen Schilddrüse und Nebenschilddrüse. Als Nächstes weiten wir den gesamten Brustkorb und stärken Thymusdrüse, Herz und Lunge. Im Bereich darunter erfrischen wir die Leber, den Magen und die Milz sowie die Bauchspeicheldrüse und die Nieren.

Was für die Schildkröte der schützende Panzer ist, das ist für uns das Lächeln. So wird alles Negative, dem wir überall ausgeliefert sind, von uns abprallen, und wir leiden unter weniger Stress. Echtes Lächeln hilft, Krankheiten zu vermeiden. Es fördert das Wohlbefinden in ungeahntem Maße und ist ein starker Ausdruck persönlicher Kraft.

Durch beständiges Training fällt es uns mit der Zeit auch immer leichter, ein Lächeln nach außen hin zu pflegen. Es stärkt gleichermaßen die Energie des Senders wie auch des Empfängers. Leider warten viele, dass sie zuerst angelächelt werden. Doch warum beginnen wir nicht selbst damit? Unser Lächeln wird fast immer erwidert werden und löst Wohlwollen und Wohlbefinden aus. Auf diese Weise gewinnen wir alle.

Lächeln ist ein Zeichen von Zuwendung und Liebe und tut jeder Seele gut. Wer nicht mehr lächeln kann, verliert auch die Fähigkeit, Liebe zu geben und zu empfangen.

Wir suchen immer nach optimalen Investitionen. Auf lange Sicht ist es das Beste, wieder mehr Freude in unser Leben zu bringen. Beginnen wir also, uns selbst und unseren Mitmenschen zuzulächeln. Jeder Tag bietet zahlreiche Möglichkeiten dazu.

LSD oder LST?

Jeder entscheidet letztlich selbst, ob er eine äußere Droge nehmen oder seine inneren Drogen mobilisieren will. Äußere Drogen kann man kaufen und einnehmen. Sie erfordern von unserer Seite aus keine Arbeit, zumindest nicht am Anfang. Um in den Genuss von inneren Drogen zu kommen, bedarf es eigener Anstrengungen. Man kann sie nicht einfach schlucken. Doch das, was uns am Anfang leichtfällt, müssen wir später teuer bezahlen. So ist es auch bei den Drogen. Sie kosten mit der Zeit nicht nur enorm viel Geld, sondern zerstören auch unsere Gesundheit. Die Mobilisierung eigener Drogen hingegen verlangt am Anfang Arbeit und Ausdauer. Dafür aber erfolgt sie kostenlos und beschert uns dazu noch in zunehmendem Maße Wohlergehen und Gesundheit.

Manche von uns greifen bei Schwierigkeiten zum Alkohol. Das ist verständlich und bequem, aber dabei besteht die Gefahr, süchtig zu werden und aus diesem Teufelskreis nicht mehr herauszukommen. Viele verlieren dadurch sogar Geld, Beruf und Familie. Welch ein hoher Preis!

Alkohol und Nikotin sind allgemein weit verbreitete Drogen, die von vielen als „normal" betrachtet werden. In Wirklichkeit stimmt das natürlich nicht. Der Überkonsum dieser Mittel kann katastrophale Folgen haben. Neben diesen Drogen, denen so viele verfallen sind, gibt es noch viel „härtere" Stoffe. Viele Verbrechen gehen auf deren Konto.

LSD war vor einigen Jahrzehnten in Mode und wurde auch von berühmten Persönlichkeiten genommen. Auf diese Weise wollten sie höhere Bewusstseinszustände erreichen. Wegen der schlimmen Begleiterscheinungen gelangte diese Droge aber wieder etwas in den Hintergrund.

In den letzten Jahren stellten die Wissenschaftler in der ganzen Welt fest, dass jeder Mensch über innere Drogen verfügen kann. Allerdings muss er sich diese selbst „brauen". Auf welche Weise ist das möglich?

Gute Gedanken, Gefühle und Handlungen lösen Glückshormone aus, die uns in eine gehobene Stimmung versetzen. Wer sich freuen kann, der badet geradezu in solchen Hormonen. Negative Einstellungen und Verhaltensweisen hingegen vergiften uns im wahrsten Sinne des Wortes.

Es liegt also allein an uns, ob wir in uns Glückshormone „erzeugen" oder Gifte auslösen. Haben wir uns nicht schon manchmal gewundert, dass Menschen, die sich nur gesund ernährten und allerlei Pillen schluckten, dennoch krank wurden und frühzeitig starben? Sie waren meist todernst, konnten kaum lachen und waren voller Pessimismus. Andere hingegen führten ein recht lockeres Leben. Sie achteten wenig auf ihre Gesundheit, aber sie lachten gerne und viel und betrachteten alles mit der Brille des Optimisten. Trotzdem wurden sie merkwürdigerweise sehr alt und blieben bis zum Schluss gesund. Ohne sich dessen bewusst zu sein, produzierten sie ständig verschiedene Glückshormone, während sich die anderen durch ihre negative Einstellung vergifteten. Die Wissenschaftler haben heute etwa 200 solcher „Glücksbringer" erforscht.

Bei kritischer Selbstbetrachtung fand ich eines Tages heraus, dass ich viele meiner Krankheiten selbst auslöste. Indem ich negative Verhaltensweisen in positive veränderte, verwandelte sich mein Leben. Nachdem ich die Sinnlosigkeit äußerer Drogen durchschaut hatte, „braute" ich mir meine eigene Droge LST und gesundete körperlich, geistig und seelisch.

Es ist mir ein großes Anliegen, dieses kostenlose „Wundermittel" an interessierte Leser weiterzugeben. Jeder, der eigene Bemühungen nicht scheut und Ausdauer aufbringt, kann ganz ähnliche positive Erfahrungen machen.

Körpereigene Drogen

Die Pharmaindustrie fand durch Forschungen heraus, dass der menschliche Körper eigene Psychodrogen produziert, unter anderem auch LSD-ähnliche endogene Drogen. Es gibt ein körpereigenes Endorphin, das 200-fach stärker ist als Opium und Morphium. In den siebziger Jahren des letzten Jahrhunderts hat man fünf Neurotransmitter gefunden. Heute weiß man, dass in unserem Körper mehrere hundert Botenstoffe wirksam sind.

Die moderne Wissenschaft brachte in den vergangenen Jahren ans Licht, dass wir auf fast alle Medikamente und künstliche Drogen verzichten können, wenn wir wieder lernen, den Reichtum unserer „inneren Apotheke" zu nutzen.

Die milliardenschweren Gewinne der Pharmaindustrie würden auf ein klägliches Maß schrumpfen, wenn sich jeder Mensch bewusst wäre, dass er selbst in seinem Körper kostenlos Drogen mobilisieren kann. Stanislav Grof und andere Experten, die jahrelang die Wirkung von LSD auf außergewöhnliche Bewusstseinszustände untersuchten, kamen letztlich zu dem Schluss, dass sich vergleichbare Zustände auch ohne diese Droge erreichen lassen.

Das gegenseitige Einwirken von Geist und Körper ist den Weisen schon seit Jahrtausenden bekannt. Platon beschrieb diesen Zusammenhang, und Schiller lehrte uns, dass der Geist den Körper baut. Heute steht dieses ehemals geheime Wissen im Mittelpunkt allgemeinen Interesses, nachdem die Wissenschaftler die Bindeglieder, nämlich die körpereigenen Drogen, nachweisen konnten. Sie stellten fest, dass das menschliche Gehirn eigene Psychodrogen herstellt. Diese können u. a. antriebssteigernd, antidepressiv oder beruhigend wirken.

Die bei uns von der Pharmaindustrie hergestellten und von Ärzten verordneten Psychopharmaka behindern und verdrängen unsere eigenen Drogen und richten dadurch unermesslichen Schaden an, der oft nicht wieder gutzumachen ist.

Mit den modernen Erkenntnissen wurden die Offenbarungen der großen Weltreligionen bewiesen, die seit jeher den Einfluss von Geist und Seele auf den Körper betonen. So heißt es z. B. in der Bibel: „Ärger zerfrisst das Gebein" oder „Ein fröhlich Herz ist das ganze Leben".

Alle Religionen hoben immer die Bedeutung des Charakters für unser Wohlergehen hervor. Im Zeitalter des materiellen Fortschritts hingegen werden die menschlichen Werte und der Charakter grob vernachlässigt. Das Wissen rückte in den Mittelpunkt und verdrängte beide. Die Folge davon sind immer neue Krankheiten, welche die Medizin kaum mehr in den Griff bekommt. Diese Tatsache macht uns deutlich, dass wir innere Mängel auf Dauer nicht durch äußere Mittel weglügen können. Hier sind allein Umkehr und Einkehr heilend.

In den archaischen Heilverfahren waren die Elemente zur Stimulierung körpereigenen Drogen schon immer bekannt. Der „Heiltanz" z. B. spielte eine führende Rolle. Heute werden u. a. folgende Methoden und Techniken herangezogen: Autogenes Training, Yoga, Meditation, Akupunktur. Unser LST, das Lachen, Singen und Tanzen, sind wunderbare Möglichkeiten, um uns durch körpereigene „Glückshormone" von Depressionen und anderen Krankheiten zu befreien. Während käufliche Drogen teuer sind und stets schädliche Nebenwirkungen haben, sind unsere selbst hergestellten inneren Drogen umsonst und frei von Nebenwirkungen.

Entscheiden heißt handeln

Wir neigen dazu, unsere Probleme mit Grübeln und kurzschlüssigem Denken lösen zu wollen. Aber ohne Handeln werden wir der Kopfspirale nicht entkommen und keine Lösung finden. Das Einzige, was uns aus dem Teufelskreis ewigen Theoretisierens befreien kann, ist die Tat. Wir müssen den Weg vom Kopf ins Herz und schließlich von dort in die Hände finden.

Oft können wir nur durch Versuch und Irrtum lernen. Edison z. B. betrachtete jeden seiner misslungenen Versuche zur Erfindung der Glühbirne nicht als Fehler, sondern als Annäherung an sein Ziel.

Natürlich sollten wir nicht unbesonnen handeln, sondern zuerst alles genau durchdenken. Darauf müssen dann der Entschluss und ausdauerndes Tun folgen. Nur allzu gerne geben wir nach den ersten Schritten auf. Es steht aber fest, dass Ausdauer oft wichtiger ist als Talent. Optimal ist es natürlich, wenn beides zusammentrifft.

Viele wollen unter allen Umständen jegliches Risiko vermeiden. Aber gerade derjenige geht das größte Risiko ein, der keines eingehen will. Das Leben ist stets „lebensgefährlich". Deshalb ist Mut notwendig, während Übermut nicht angebracht ist.

Alle, die ihre Ziele erreichten und ihre Wünsche verwirklichten, handelten auf diese Weise. Sie scheuten sich nie, Fehler zu machen, sondern versuchten, aus ihnen zu lernen. Anthony Robbins, ein großer amerikanischer Coach, schrieb in seinen Büchern: „Wir lernen durch Erfahrungen und gelangen zu diesen durch unsere Dummheiten."

Manche Pianisten üben bis zu 14 Stunden am Tag. Immer und immer wieder trachten sie danach, sich zu verbessern. Die Ergebnisse sind dann wunderbar und schier unbegreiflich. Nur durch das Lesen über die Technik des Klavierspiels wären sie kaum weitergekommen. Das Entscheidende ist auch hier wie auf allen Gebieten das Handeln. Noch keiner wurde durch das Anschauen von Sportsendungen zum Champion. Jeder muss schon selbst eifrig trainieren.

Nur wenn wir auch handeln, strömt Energie, und unzählige „Schalter" springen physisch und mental an. Dabei werden wir dann auch von Glückshormonen, die uns weitere nötige Kicks geben, geradezu überschwemmt.

Durch Handeln gelingt es uns, alles wunschgerecht zu wandeln. LST ist ein guter Einstieg in diese Richtung und macht auch noch Spaß.

2.

LST als Lebenshilfe

Vorspann – Lösung von Problemen

Wahrscheinlich werden Sie sagen: „LST kann doch nicht meine Probleme lösen!" Dieser Einwand ist verständlich. Auch ich kann meine Schwierigkeiten nicht durch Lachen, Singen und Tanzen beseitigen. Aber wir können damit gute Voraussetzungen schaffen, um unsere Aufgaben erfolgreich anzugehen.

Der Sieg des Läufers ist u. a. abhängig von einem guten Start. Wenn er nicht aus den Startlöchern kommt, wird er auch am Ziel das Nachsehen haben. Die alten Griechen meinten, dass ein guter Anfang bereits die Hälfte des Ganzen sei. Mit LST gelingt uns ein guter Start. Wir sind für alle Hindernisse optimal gerüstet.

Ein gestimmtes Klavier garantiert noch kein grandioses Spiel. Aber ohne rechte Stimmung kann der beste Pianist nicht brillieren. Mit LST können wir an unsere Probleme gut vorbereitet herangehen.

Wir haben schon erlebt, dass manches schief läuft, wenn wir unausgeschlafen und missmutig aus den Federn kriechen. Wer sich hingegen nach einem erholsamen Schlaf freudig an sein Tagewerk macht, hat ganz andere Aussichten für das Gelingen seiner Vorhaben. Der morgendliche Anfang ist im wahrsten Sinne des Wortes eine Art Weichenstellung für den ganzen Tag.

Es gibt den Aberglauben, dass demjenigen der Tag misslingt, der mit dem linken Bein aufsteht. Mit LST stehen wir in jedem Fall richtig auf und starten optimal durch. Ich erlebe das an jedem Morgen und empfehle es allen, die bereit sind, ihren inneren Schweinehund zu überwinden.

Wie oft haben wir unter den Verstimmungen mancher Mitmenschen gelitten. Wie angenehm hingegen erscheinen uns die Menschen, die eine wohltuende Stimmung verbreiten. Sie müssen eine eigene Strategie entwickelt haben, wie sie trotz aller Schwierigkeiten ihre Heiterkeit bewahren können.

„Trotzdem" ist ein grandioses Wort, das uns Flügel verleihen kann. Alle erfolgreichen Menschen lebten nach dieser „Formel" und handelten auch in größter Not danach.

Überwindung der *Angst*

In der heutigen Zeit leiden viele Menschen unter Angst. Das ist die Ursache für so manche Krankheit. Angst kommt von eng. Sie schnürt uns ein, macht uns klein und erlaubt uns nicht mehr, frei durchzuatmen. Die einen ängstigen sich um ihre Gesundheit, andere um ihre Finanzen, viele sehen keine Zukunft mehr für sich und ihre Kinder. Die Liste könnte unendlich fortgesetzt werden.

Wenn Angst in eine gesunde Vorsicht mündet, kann sie uns helfen. Wird sie jedoch zu einem Dauerzustand, raubt sie uns Zeit und Energie, ohne uns auch nur einen Schritt weiterzubringen. Im Gegenteil, sie fesselt uns und macht uns handlungsunfähig.

Niemand wird in Abrede stellen, dass wir heute große Probleme haben. Sich aber voller Angst auf diese zu konzentrieren, bringt uns der Lösung keinesfalls näher. Klüger ist es, zu überlegen und daran zu arbeiten, wie wir Abhilfe schaffen können. Chronische Ängste lähmen uns und hindern uns daran, nach neuen Wegen und Auswegen zu suchen.

Gerald G. Jampolsky schrieb ein viel beachtetes Buch mit dem Titel „Lieben heißt die Angst verlieren". Lieben ist auch heute das große Zauberwort und kann uns aus der Angst befreien. Daneben gibt es noch viele andere Wege, zum Ziel zu gelangen.

Wer den Beruf gefunden hat, in dem er seine Berufung sieht, erlebt täglich, wie wohltuend es ist, den Sinn des Lebens in seiner Arbeit zu erkennen und immer weiter zu verfolgen. Bei solchen Menschen findet die Angst keinen Raum, sich einzunisten.

Viktor Frankl hat seine Ängste im Konzentrationslager unter den allerschlimmsten Bedingungen besiegt. Er malte sich gedanklich aus, dass er eines Tages herauskommen und dann seinem Lehrberuf nachgehen kann. Schon damals praktizierte er, was er später als Logotherapie bezeichnete und in aller Welt lehrte. Für ihn war also die Sinnfrage für das Leben und Überleben zentral. Solange wir einen Sinn in unserem Leben erkennen und verfolgen können, stehen wir unter einer höheren Führung und einem höheren Schutz.

Diese Erkenntnis haben uns viele große Persönlichkeiten immer wieder gelehrt und vorgelebt. Martin Luther z. B. stand nach dem Urteil des damaligen Papstes vogelfrei da. Jedem war erlaubt, ihn umzubringen, und dennoch ist ihm nichts passiert. Seine Aufgabe, die Fehler der Kirche anzuprangern, erfüllte ihn mit übermenschlicher Kraft und schützte ihn vor allen Verfolgern.

Auch LST kann uns helfen, Ängste zu besiegen. Während uns diese einschränken und beklemmen, befreien uns Lachen, Singen und Tanzen aus der Enge. Lachen sprengt geradezu unsere Befangenheit und schafft uns wieder Raum und Luft. Freies Singen verbindet uns mit den Energien des Universums und stärkt und erlöst uns. Tanzen erlaubt uns nicht, auf einem Standpunkt zu verharren. Es befreit uns ebenfalls, indem wir durch Bewegungen neue Räume, neue Möglichkeiten erschließen.

LST wirkt befreiend auf Körper, Geist und Seele. Wir können auf diese Weise alle Ängste loslassen und in neue Bewusstseinsräume gelangen. Wer es noch nicht probiert hat, mag es kaum glauben. Wer es erlebte, braucht nicht mehr darüber zu diskutieren.

Am *Aschermittwoch*

ist nicht alles vorbei

In meiner Jugend war ich immer traurig, wenn ich daran dachte, dass der Fasching bald vorbei sein werde. Jetzt gehe ich überhaupt nicht mehr auf derartige Veranstaltungen, denn Lachen, Singen und Tanzen wurden für mich zu Freuden, die mich das ganze Jahr über begleiten.

Warum sollen wir dieser Ekstase nicht ganzjährig frönen? Niemand kann uns das verbieten. Albert Lortzing schrieb eine wunderbare Arie mit dem Text „Heiterkeit und Fröhlichkeit, ihr Götter dieses Lebens!" Welch ein fabelhafter Leitspruch für unseren oft so grauen Alltag!

Die Philosophen sagen uns, dass Heiterkeit das untrüglichste Zeichen von Reife und Größe ist. Lassen wir uns also von der Massensuggestion, dass am Aschermittwoch alles vorbei sei, nicht den Alltag verderben. Wenn wir ihn mit Lachen, Singen und Tanzen krönen, so kann er für uns zum All-Tag werden.

Ich kannte eine Frau, die im Fasching mit dem Singen loslegte wie ein Weltmeister. Im Alltag aber brachte sie keinen Ton heraus. Wie abhängig sind wir doch oft von äußerer Meinungsmanipulation, wenn wir glauben, nur mit gutem Grund lachen, singen und tanzen zu dürfen. Ein erfolgreiches Buch von Dr. Madan Kataria heißt „Lachen ohne Grund". Möge uns schon der Titel einen kraftvollen Impuls für Heiterkeit geben.

Viele von uns werden immer ernst, wenn es um Gott und den Glauben geht. Aber alle großen Religionen legen uns eine „Frohe Botschaft" ans Herz. So heißt es zum Beispiel in der Bibel: „Ein fröhlich Herz ist das ganze Leben."

Menschen, die sonst wenig zu bieten haben, wappnen sich mit tierischem Ernst, um wenigstens auf diese Weise etwas darstellen zu können. Ich liebe das Wort „Groß ist nur, wer im Ernst heiter und im Heiteren ernst sein kann." Hermann Hesse warnte immer davor, im Ernst die Tiefe zu suchen. Er lehrte uns, dass das Heitere die eigentliche Tiefe sei. Sören Kierkegaard sagte von sich, dass er in der Jugend eher schwermütig war und kaum lachte. Aber eines Tages, so bekannte er, fing er an zu lachen und hörte dann nie mehr damit auf.

Der falsche Ernst kommt oft daher, dass sich manche Menschen selbst viel zu ernst nehmen. Sie lieben es zwar, über andere zu lachen. Nie aber gelingt es ihnen, über sich selbst in Lachen auszubrechen. Natürlich ist ihnen auch nicht bewusst, dass ihr eingebildeter Humor lediglich Sadismus ist.

Ich empfehle Ihnen, Ihre Fröhlichkeit am Aschermittwoch nicht ab- und aufzugeben, sondern das ganze Jahr über zu lachen, zu singen und zu tanzen. So betreiben Sie die beste Gesundheits-vorsorge, die es überhaupt gibt. Längst ist es erwiesen, dass fröhliche Menschen bei weitem gesünder sind als allzu ernste, die bei allem aus dem Häuschen geraten und dadurch Gifte in sich freisetzen. Heitere Menschen hingegen werden von ihren Glückshormonen geradezu überschwemmt.

Ich feiere jeden Morgen meinen kleinen „Privatfasching". Auf diese Weise gehe ich in meinen Arbeitstag hinein und habe damit selbst die Weichen für mein Wohlergehen gestellt.

Langer Atem

Manchmal kommen wir ganz außer Atem, und dann gerät alles in uns und um uns durcheinander. Wer einen langen Atem hat, hält gewöhnlich durch und hat schließlich auch Erfolg. Leider wird dem Atem viel zu wenig Beachtung geschenkt, und so gelingt es uns oftmals nicht, ihn sinnvoll einzusetzen.

Im Osten wird ihm im Yoga und Tai Chi wesentlich mehr Bedeutung beigemessen. Pranayama, die Lehre vom Atem, ist ein Teil des Yoga-Exerzitiums. Im Tai Chi wird darauf geachtet, dass alle Bewegungen vom Atem getragen werden.

Unsere hektische Lebensführung im Westen greift natürlich auch auf den Atem über und stört seinen gesunden Rhythmus. Odem (Geist) und Atem stehen in einem engen Zusammenhang. Das Denken beeinflusst ganz automatisch den Atem. Aufbauende Gedanken ordnen ihn, während zerstörerische Gedanken ihn durcheinander bringen.

Bringen wir Ordnung in unseren Gedankenfluss, so schwingt auch der Atem in einem gesunden Rhythmus. Schon Buddha wusste um die Verbundenheit von Geist und Körper und betrachtete den Atem als eine Brücke zwischen diesen beiden.

Die sitzende Lebensweise in unserer modernen Berufswelt lässt ihn immer kürzer werden und verkümmern. Was der Arbeiter früher mit seiner Körperkraft bewältigen musste, das übernimmt heute die Maschine. Durch diese Bewegungsarmut nimmt natürlich auch die Atemkapazität enorm ab. Krankheiten wie z. B. Bronchitis und Asthma haben hier ihre Ursache. Das Zwerchfell, das wie eine kräftige Pumpe beim Atemvorgang wirken kann, erschlafft allmählich, und die Atmung wird immer schwächer. Solche Atemnot greift auf unser gesamtes Herzkreislauf- und Nervensystem über, und schließlich leidet der ganze Organismus darunter. Auch Geist und Seele werden in Mitleidenschaft gezogen.

So schließt sich der Teufelskreis. Er begann mit zerstörerischen Gedanken, die über die Atmung schlechten Einfluss auf den Körper nahmen und schließlich zu krankhaften Störungen von Geist und Seele führten.

Letztlich beginnt alles im Kopf. Krankheit und Gesundheit nehmen von hier ihren Ausgang. Der Atem stellt dabei ein wichtiges Bindeglied dar, das uns helfen kann, den Kreislauf hin zur Gesundheit zu lenken. Lachen, Singen und Tanzen fördern nicht nur freudvolle Gedanken und Gefühle, die ja den Ausgangspunkt für körperliches und geistiges Wohlbefinden bilden, sie stärken und vertiefen auch den Atem.

Lachen setzt das Zwerchfell in Gang und lässt den gesamten Körper in Schwingung geraten. Auf diese Weise kann sich unser meist flacher Atem vertiefen. Gleichzeitig vergrößert sich das Atemvolumen.

Lachen und Singen sind miteinander verwandt. Wer lachen kann, dem fällt auch das Singen leicht. Auch dieses bringt das Zwerchfell, den eigentlichen Motor der Tongebung, in Schwung. Wir greifen von der Erde aus in den Himmel und fühlen uns weit und wohlig. Singen vereint den Dreiklang von Körper, Geist und Seele und bildet so die beste Voraussetzung für ein erfülltes Leben.

Die Bewegungen beim Tanzen erweitern und vertiefen ebenfalls freudvoll den Atem. So wie wir mit Armen und Beinen ausgreifen, so greift auch die Atmung weit aus und hüllt uns wohlig ein.

LST ist also ein wundervolles Mittel, um unseren kurzen Atem in einen langen Atem zu verwandeln.

Ausdruck finden

Jeder von uns ist heute ständig einer Vielzahl von Eindrücken ausgesetzt. Niemand kann sich dem entziehen. In jedem Kaufhaus spielt ununterbrochen Musik, um die Kunden zum Geldausgeben zu animieren. Wir können kaum eine Telefonnummer wählen, ohne dass wir beim Warten mit „Musik" berieselt werden. Überall sind wir hilflos dem Lärm ausgesetzt. Viele drehen dann zu Hause noch Radio oder Fernseher an, um sich weiterhin von „Lärmwogen" tragen zu lassen.

Die Ärzte sagen uns, dass Stress und Lärm die Ursachen vieler Krankheiten sind. Neben seinen Aktivitäten braucht jeder Mensch aber auch Ruhe. So wie die Musik nicht nur aus Tönen besteht, sondern auch von Pausen lebt, so brauchen wir einen gesunden Rhythmus von Aktivität und Ruhe. Leider haben viele von uns das Gespür dafür verloren und hetzen von einer Sensation zur nächsten. Während wir von all diesen äußeren Eindrücken belastet werden, finden wir kaum Möglichkeiten, uns Ausdruck zu verschaffen.

LST kann uns auch bei diesem Problem hilfreich sein. Beim Lachen, Singen und Tanzen nehmen wir nichts von außen auf, sondern befreien uns innerlich von so manchem Bedrückenden.

Während uns zu viele Eindrücke krank machen können, kann LST mit seinen Ausdrucksmöglichkeiten wesentlich zu unserer Gesundung beitragen. Hier können wir uns so richtig körperlich und stimmlich austoben, wie wir es einst als Kinder beim Spielen genossen. Und so wie damals werden wir auch heute wieder einen guten Schlaf finden. Auf diese Weise beginnen wir dann in einem gesunden Rhythmus zu leben.

Der Atem ist ein großer Lehrer für alle Lebensrhythmen. Wer immer nur einatmen will, ohne auch dem Ausatmen seinen Platz einzuräumen, wird ersticken. LST hilft uns zu verhindern, dass wir „geistig ersticken".

Oft glauben wir, wir seien zu abgespannt und zu müde, um LST anzugehen. Wenn wir uns aber überwinden, so werden wir danach reichlich belohnt. Menschen, die am Abend nach der Arbeit noch aufs Rad steigen oder zum Schwimmen gehen, können „ein Lied davon singen". Es lohnt sich immer, gegen die Trägheit anzugehen. Wir müssen uns nur einen Kick geben, dann können wir selbstbewusst unsere „Tapferkeit" feiern.

Das Angenehme und Leichte ist nicht immer das Gute. Im Gegenteil! Wer es sich am Anfang etwas schwer macht, der hat es mit der Zeit immer leichter. Auch ich muss manchmal noch mit meinem inneren Schweinehund kämpfen. Hinterher jedoch habe ich es nie bereut, LST praktiziert zu haben.

Bewegungsmeditation

Meditation als Mittel zur Selbstfindung wird bei uns immer häufiger praktiziert. Unzählige Bücher und Seminare werden zu diesem Thema angeboten. Beobachten wir jedoch unsere Mitmenschen, so finden wir nur ganz wenige, die meditativ leben und das auch ausstrahlen. Woran liegt das?

In unserer modernen Gesellschaft sind wir es zum großen Teil gewöhnt, alles Mögliche zu konsumieren. Das funktioniert jedoch keineswegs überall. Beim Essen und Fernsehen mag das noch angehen. Für erfolgreiches Meditieren jedoch bedarf es gewisser Voraussetzungen von unserer Seite aus. Wenn wir mit zu Vielem vollgestopft sind und keine Ruhe finden, dann ist es sehr schwer zu meditieren.

Bücher zu diesem Gebiet können uns zwar einige wertvolle Hinweise geben, aber den Weg der Meditation müssen wir selbst beschreiten. Zunächst gilt es, in uns eine gewisse Leere, einen Raum zu schaffen. Viele Bücher raten uns dann, einen Begriff oder ein Vorbild ins Zentrum unseres Bewusstseins zu stellen.

Nach meinen eigenen Erfahrungen ist es am besten, sein Gottesbild in dieses Zentrum zu stellen und die Meditation ganz auf Gott auszurichten. Nachdem ich das erkannt und praktiziert habe, tragen meine Bemühungen Früchte. Wenn wir unseren Weg allein und ohne Einmischung von außen tapfer und beständig gehen, machen wir Fortschritte. Letzten Endes ist Meditation ein Liebesverhältnis mit unserem höheren Selbst. Es bedarf der Ruhe, Leere und Unabhängigkeit von äußeren Einflüssen.

Osho, ein Meister dieses Exerzitiums, stellte bei seinen Kursen immer wieder fest, dass es vielen kaum möglich ist zu meditieren, wenn sie gezwungen sind, im ruhigen Sitz zu verharren. Sie verkrampfen sich und erwarten Ergebnisse, die nie eintreten, und werden dabei von unzähligen Gedankenschwärmen heimgesucht. Er fand heraus, dass man auch in einen meditativen Zustand gelangen kann, wenn man sich bewegt.

Während sich viele im Meditationssitz verlieren, binden uns Bewegungen immer wieder an unsere eigene Mitte, das Ziel unserer Bemühungen. Lachen, Singen und Tanzen sind nach meinen eigenen Erfahrungen und nach Erlebnissen mit meinen Seminarteilnehmern hervorragend geeignet, unsere Mitte anzupeilen und uns immer wieder auf sie hin auszurichten. Unsere „Äußerungen" verlangen einen stabilen inneren Halt, nach dem wir greifen können. Äußeres verbindet sich mit Innerem, und beides balanciert sich aus.

Beim Lachen verankern wir uns in uns selbst und explodieren dann nach außen. Deutlich spüren wir den inneren Halt für diese Heiterkeitsausbrüche. Wenn wir die Hände auf Brust und Bauch legen, können wir diesen Vorgang spüren und verfolgen und eine Brücke von innen nach außen und umgekehrt zeichnen. Meditation muss also nicht immer todernst stattfinden, sie kann auch auf den Wogen des Lachens erlebt und genossen werden. Alle Weisen zeichnen sich durch Humor aus. Allzu großen Ernst finden wir meist bei den „Halbgebildeten".

Auch beim Singen brauchen wir eine innere Stütze, die uns die Töne nach außen schleudern lässt. Nur so gelingt uns eine optimale Entfaltung. Töne bauen eine Brücke, die innen und außen verbindet. Beim Tanzen verfahren wir ebenso.

Während wir normalerweise von außen beeinflusst werden und uns selbst verlieren, üben wir LST meditativ von einer starken Mitte aus nach außen und vollbringen dabei jedes Mal Bewegungsmeditationen.

Vom Wissen zum *Bewusstsein*

„Wissen ist Macht!" Dieses Wort geistert immer wieder durch unsere Köpfe. Wenn wir den Ausdruck nicht als „Generalschlüssel" für alles missverstehen, dann sagt er oftmals das Richtige. Ansonsten führt er uns in die Irre.

Unsere materialistische Weltanschauung meint, mit dem Wissen den „Stein der Weisen" gefunden zu haben, und überbewertet es. Das Wissen bescherte uns zwar ungeahnte Fortschritte, doch wenn es dermaßen vergöttert wird, kann es auch katastrophale Auswirkungen haben.

Die vielen Kriege zeigen uns deutlich, wie zerstörerisch Wissen ohne Weisheit und Liebe ist. Es kann ein wertvoller Diener sein, als Alleinherrscher hingegen ist es höchst gefährlich. Es nährt nämlich das Ego und die Arroganz und bringt uns auf diese Weise an den Abgrund.

Unsere Erziehung und Ausbildung sowie die gesamte gesellschaftliche Ausrichtung pflegen nur das Wissen. Das können wir schon daran erkennen, dass alle kulturellen Angelegenheiten von der Politik vernachlässigt werden und immer weniger Unterstützung erhalten. Für alles ist Geld da, nur nicht für Kultur.

Unsere Politiker sind völlig blind dafür, dass Kultur Herz und Blut unseres gesamten Lebensorganismus ist.

Vor Jahren bekamen die Gemeinden noch Zuschüsse für musikalische oder literarische Abende. Diese wurden allmählich immer mehr gestrichen, so dass die Veranstalter nur noch Säle mieten können. Welcher Künstler aber kann es sich heute leisten, bei der einseitigen Medienpropaganda einen Saal zu mieten und dann eventuell vor leeren Stühlen aufzutreten? Wir gestehen den maßgebenden politischen Gremien zwar ein gewisses Fachwissen zu. Was ihnen aber völlig fehlt, ist das Bewusstsein für Primäres, für Zusammenhänge und für Verantwortung.

Bewusstsein ist eben mehr als nur Wissen. Es umfasst unser gesamtes Sein, von dem alles andere abhängt. Mir scheint, dass das Bewusstsein unserer Spitzenpolitiker nur von einer Wahlperiode zur anderen reicht, und das auch nur unter dem Blickwinkel von Stimmenzuwachs oder -verlust.

Da von dieser Seite wohl kaum eine Änderung zu erwarten ist, sind wir alle aufgerufen, nicht nur Wissen zu sammeln, sondern an unserem Bewusstsein zu arbeiten und das Wissen tatkräftig in unser Sein zu integrieren. Bewusstsein heißt, bewusst zu sein und bewusst zu leben und sich nicht in der Wissenswüste zu verirren. Dabei ist natürlich auch ein gesunder Menschenverstand gefragt, den wir aber gerade in akademischen Kreisen leider oft vermissen.

LST kann hier eine Brücke zwischen Denken und Tun, zwischen Wissen und Sein schlagen und so unser entgleistes Leben wieder in rechte Bahnen lenken. Nur wenn wir Wissen mit Weisheit und Liebe verbinden, können wir zu einem Bewusstsein gelangen, welches uns ermöglicht, das Steuer unseres Lebens in die Hand zu nehmen. Unsere Aufgabe ist es, aus dem Stroh des Wissens das Gold des Bewusstseins zu spinnen.

Mir hat bei der Entwicklung meines Bewusstseins LST sehr geholfen. Ich würde mich freuen, wenn Sie ähnliche Erfahrungen machen könnten. Auch hier hilft sicher das bekannte Wort Erich Kästners: „Es gibt nichts Gutes, außer man tut es."

Entgiften

Zurzeit schießen Bücher über Entgiftungsverfahren wie Pilze aus dem Boden. Das ist verständlich, sind wir doch alle mehr oder weniger vergiftet durch die Behandlung unserer Nahrungsmittel, durch verunreinigtes Wasser, verschmutzte Luft, Elektrosmog und vieles mehr.

Wer gesundheitlich über starke Abwehrkräfte verfügt, kann damit einigermaßen fertig werden. Menschen mit einem schwachen Immunsystem hingegen erliegen immer wieder Krankheiten, wenn allzu viele Gifte auf sie einwirken.

Es herrscht also allgemein eine große Nachfrage hinsichtlich Ausleitungs- und Entgiftungsverfahren, dem der Buchmarkt zu entsprechen trachtet. Die meisten dieser Bücher aber geben nur Ratschläge zur Ausscheidung von Giften, die wir von außen durch das Essen oder Trinken aufnehmen.

Daneben belasten uns in gleichem Maße, wenn nicht sogar mehr, emotionale und mentale Gifte. Unser Denken und Fühlen löst in uns gefährlichere Vergiftungen aus als alles, was von außen kommt. Wieder einmal müssen wir erkennen, dass das Entscheidende in uns liegt und dass wir von dort aus unser

„Schicksal" weben. Damit will ich nicht sagen, dass wir z. B. nicht auf unsere Ernährung achten sollten. In jedem Falle ist anzuraten, alles sorgfältig zu prüfen, was wir uns einverleiben. Aber letztlich sind unser Denken und Fühlen ausschlaggebend.

Die großen Schwierigkeiten, die uns heute zu schaffen machen, lösen bei den meisten Stress aus. Verstimmungen, Missmut, Ärger, Zorn sind dann die Reaktionen, die uns innerlich vergiften. Wenn es uns mit der Zeit gelingt, nicht einfach emotional zu reagieren, sondern besonnen zu agieren, können wir Schlimmes vermeiden.

Leider haben wir für solche Maßnahmen keine Strategien entwickelt. Von unseren Erziehern sind wir meist gewöhnt, dass sie herausplatzten, wenn sie sich ärgerten. So ist es verständlich, dass wir in der Nachahmung unserer „Vorbilder" auf ähnlichen Gleisen weiter „kutschieren". Es liegt nun an uns, eigene Strategien zu entwickeln, um „selbstzerstörerische Verhaltensweisen" (Wayne Dyer: „Der wunde Punkt") und Selbstvergiftung zu vermeiden.

Mir haben u. a. stets Worte von K. O. Schmidt sehr geholfen, der schrieb: „Was mich empört, hebt mich empor, was mich trifft, macht mich trefflicher." Bei dieser Transformationsarbeit kann es uns sehr helfen, wenn wir uns selbst nicht so wichtig nehmen und es vermeiden, gleich alles persönlich zu nehmen. Eine gewisse Distanz ohne Distanziertheit erlaubt uns, in die Rolle eines Beobachters zu schlüpfen, und so schaut dann jede Situation ganz anders aus. Neurolinguistische Programmierung (NLP) gibt uns viele Hinweise, wie wir uns von all den krankmachenden Emotionen lösen können, die nichts bringen, aber unglaublich schaden. Ärger macht letztlich alles nur noch schlimmer!

Es gibt genügend Worte aus den Weisheitslehren und von Dichtern, die uns wie Hubschrauber aus gefährlichen Situationen emporheben können. In meiner „Quadrologie zur Lebenskunst" finden wir viele Strategien, um uns aus so manchen Fallen wieder zu befreien.

LST ist geeignet, uns für den Alltag so einzustimmen, dass wir nicht gleich mit üblen, rachsüchtigen Gedanken und Gefühlen reagieren, sondern freundlich und besonnen agieren. Das ist sehr heilsam für uns selbst und für alle, mit denen wir privat und beruflich zu tun haben. Dabei können wir Selbst- und Fremdvergiftung vermeiden, und wir bahnen uns auf diese Weise Wege zu Gesundheit, Glück und Erfolg.

LST kann uns helfen, alten Müll, altes Gift loszuwerden, ohne dass wir lange mit Therapeuten in den Traumata von früher herumstöbern müssen. Im Allgemeinen sind solche Therapien viel zu sehr auf die Vergangenheit fixiert. Heilung kann aber nur in der Gegenwart stattfinden. Die Vergangenheit kann nicht ungeschehen gemacht werden, mag sie auch manchmal etwas zur Klärung beitragen. Der Therapeut ist dann erfolgreich, wenn er seinem Patienten ein positives Selbstbild vermittelt und ihm einen Weg zeigt, wie er im Hier und Jetzt neu beginnen kann.

Die moderne Verhaltenstherapie lehrt uns, dass ein positives Selbstbild und ein neues positives Verhalten unser Leben in neue Bahnen lenken kann. LST wird uns bei der Weichenstellung äußerst behilflich sein.

Es gibt niemanden, der in seinem Leben nicht mit scheinbar unüberwindlichen Schwierigkeiten zu kämpfen hat. Wer darauf negativ reagiert, schadet sich nur. Wer es aber versteht, positiv zu agieren, wird mit der Zeit Unmögliches möglich machen, ohne sich und andere zu vergiften.

LST kann uns entscheidend dabei helfen, zur rechten Zeit den rechten Dreh anzuwenden und uns für den Alltag einzustimmen.

Entspannungsübungen

Da heute die meisten Menschen verspannt sind, gibt es ein großes Angebot an Entspannungsmethoden. Die meisten wirken aber mehr oder weniger nur auf den Körper.

LST ist eine Methode, die uns ganzheitlich entspannt. Körper, Geist und Seele werden auf diese Weise harmonisiert. Alle drei Bereiche erhalten eine Bewegungsmassage, die Verkrampfungen löst.

Gewöhnlich unterschätzen wir die Verspannungen, und das hat tiefgreifende Folgen. In einem verkrampften Körper kann die Energie nicht mehr ungehindert fließen, ähnlich wie in einem zugefrorenen Gewässer Strömungen lahmliegen. Sind die Muskeln verkrampft, überträgt sich diese Starre auf das Bindegewebe und beeinträchtigt die gesunde Funktion aller Organe. Auch der Blutkreislauf und das Fließen der Lymphe werden behindert.

Diese Störungen wirken sich bis in die Funktion der einzelnen Zellen aus. Alles in unserem Körper hängt ja aufs Engste zusammen. Verspannte Muskeln lösen also im ganzen Körper eine ungute Kettenreaktion aus. Dies wiederum beeinflusst Geist und Seele.

Die Flexibilität des Geistes ist ebenso wie unser seelisches Wohlbefinden von der Beweglichkeit des Körpers abhängig. Leider sind wir uns dieser Zusammenhänge viel zu wenig bewusst. Das analytische Denken des technischen Zeitalters hat uns diese immer mehr vergessen lassen.

Die großen modernen Wissenschaftler der letzten Jahrzehnte aber rückten wieder die Einheit in den Mittelpunkt und brachten uns das Zusammenspiel von allem ins Bewusstsein. Wir haben lange Zeit vergessen, dass auch unsere Erde ein großer lebendiger Organismus ist, der nur gesund sein kann, wenn alle seine Organe, seine Völker und Erdteile, gesund sind. Da die Wirklichkeit leider gar nicht danach aussieht, erleben wir auf der ganzen Erde zunehmend Katastrophen.

Ein Weiser äußerte einmal den Satz, dass der Flügelschlag eines Schmetterlings auf der einen Seite unseres Planeten einen Taifun auf der anderen Seite auszulösen vermag. Solche Zusammenhänge wurden in unseren Tagen wissenschaftlich nachgewiesen.

Wie großzügig gehen wir doch alle mit unseren Gedanken um, nicht wissend, was diese alles anstellen können. So weiß man heute, dass unsere negativen Gedanken bei einem Mörder letztlich die Tat, die sonst eventuell unterblieben wäre, auslösen können. Moderne Wissenschaftler haben in den letzten Jahren erklärt, dass der Terrorangriff auf das World-Trade-Center in New York durch eine negative Bewusstseinsballung der Weltbevölkerung mit ausgelöst wurde.

Die Welt wird heute von allen Medien mit Horrormeldungen überschwemmt. Wir sind schon so daran gewöhnt, dass wir diesen Zustand als völlig normal ansehen. Dabei ist er im wahrsten Sinne des Wortes ver-rückt.

Unser Denken und Fühlen verrohen immer mehr, unser Geist ist erstarrt und fühlt sich in einer perversen Welt allmählich zu Hause. So beobachtete ich einmal kurz vor Weihnachten, wie zwei Kinder mit einer Spielzeugpistole auf einen geschmückten Weihnachtsbaum zielten.

Es ist also dringend notwendig, dass wir uns aus vielen Umklammerungen lösen, uns entspannen und zur Ruhe kommen und auf diese Weise neue Einstellungen und gesunde Verhaltensweisen finden. Nur wenn wir uns ändern, wird sich auch das ändern können, was wir im Äußeren so oft beklagen.

LST kann uns helfen, den Körper zu entspannen, den Geist mit Freude anstatt mit Gier zu erfüllen und die Seele mit Musik zu nähren.

Ent-wickeln statt ver-wickeln

Das Tier lebt nach genau vorgegebenen Instinkten. Keines fällt aus seiner Art. Es fährt sozusagen auf einer Schiene, die es nicht verlassen kann und ist so immer berechenbar. Kühe und Pferde grasen friedlich auf der Wiese. Raubtiere hingegen fallen uns sofort an, wenn sie frei herumlaufen.

Im Gegensatz zu den Tieren haben wir Menschen vom Schöpfer absolute Freiheit erhalten. Wir sind nicht an Instinkte gebunden, laufen nicht auf Schienen, sondern bahnen uns nach eigener Entscheidung selbst unsere Wege. Wir sind deshalb auch nicht berechenbar. Schon oft haben wir uns in unseren Mitmenschen getäuscht. Selten gelingt es uns, all die Masken zu durchschauen, mit denen die meisten herumlaufen.

Wie entpuppten sich doch manche Kinder zum Schrecken ihrer Eltern, die einst glaubten, sie gut zu kennen! Schon mancher Verbrecher kam aus einer gut situierten Familie. Wir können oft die größten Überraschungen erleben. Nichts steht fest, alles ist möglich.

Missbrauchen wir die Freiheit, die wir haben, gelangen wir auf Irrwege. Statt uns zu entwickeln, verwickeln wir uns. Es gibt unzählige solcher Möglichkeiten. Die Welt ist voller Fangnetze, voller Fallen, die überall auf uns lauern. Manchen gelingt es, sich daraus wieder zu befreien, andere aber verwickeln sich immer mehr und finden nicht mehr heraus.

Die gesamte Konsumindustrie bietet uns eine schier unübersichtliche Fülle an verlockenden Angeboten. Wenn wir da nicht bewusst und kritisch auswählen, erliegen wir der verführerischen Werbung. Es geht uns dann ähnlich wie manchen Tieren, die lange kein Wasser mehr fanden und endlich an einen Fluss oder See gelangen. Voller Gier werfen sie sich ins ersehnte Nass. Auf diese Gelegenheit aber haben die lauernden Krokodile nur gewartet. Unbarmherzig schnappen sie sofort zu.

Unsere Gesellschaft stellt in vielen Bereichen eine ähnliche Falle dar. Alkohol, Nikotin, Drogen, Sexualität und vieles mehr haben schon Millionen von Menschen das Leben gekostet. Wer wach und ausdauernd auf seine Entwicklung bedacht ist, entkommt dem „Zubiss" des Konsums viel leichter als derjenige, der ziellos alle „Schnäppchen" genießen will. Wer sein Leben verantwortlich von innen heraus führt, entgeht in den meisten Fällen den Verführungen von außen. Wir sollten deshalb darauf achten, von innen heraus selbstständig zu handeln, statt uns von außen verführen zu lassen.

Aber nicht nur im Äußeren lauern Feinde. Auch in uns selbst begegnen wir einem mächtigen Widersacher, nämlich unserem Ego. Ist dieses dominant, wird es ihm immer wieder gelingen, uns zu verwickeln. Wer hingegen das Ego besiegt hat, wird auch äußeren Einflüssen kaum mehr erliegen.

LST hilft uns, von innen heraus selbstständig tätig zu werden. Wir spüren die Energie, die uns auf diese Weise zuteil wird. So lassen wir uns immer weniger von außen etwas aufschwatzen. Wenn wir täglich in dieser Weise aktiv werden, ist das immer auch ein Sieg über unser Ego, das uns zur Bequemlichkeit und zum Aufschieben überreden will. Wir entgehen also dadurch äußeren und inneren Ver-wicklungen und fördern in jeder Weise unsere Ent-wicklung. Sind uns die Vorteile einer solchen Entfaltung bewusst geworden, werden wir mit immer größerer Begeisterung unseren Weg verfolgen und schließlich an unser Ziel gelangen.

Flow erleben

Der Psychotherapeut Mihaly Csikszentmihalyi versuchte, dem Geheimnis des Glücks auf die Spur zu kommen. Er schrieb: „Die besten Momente ereignen sich gewöhnlich, wenn Körper und Seele eines Menschen bis an die Grenzen angespannt sind, in dem freiwilligen Bemühen, etwas Wertvolles zu erreichen... Für einen Schwimmer ist es vielleicht der Versuch, den eigenen Rekord zu brechen, für einen Geiger, eine komplizierte Passage zu beherrschen. Für jeden Menschen gibt es Gelegenheiten und Herausforderungen, über sich selbst hinauszuwachsen." Er nennt das Glücksgefühl, das wir haben, wenn wir mit Begeisterung einer Tätigkeit nachgehen, „flow". Dabei geht es nicht darum, andere zu besiegen, sondern die eigenen Leistungen zu steigern.

„Flow" ist ein treffendes Wort für das ungehinderte Fließen der Energie, das alle Blockaden beseitigt und Wohlbefinden auslöst. Wir empfinden uns nicht mehr länger als ein Stück Materie, sondern erleben uns als ein Schwingungsfeld. Im wahrsten Sinne des Wortes fühlen wir uns beschwingt.

LST ermöglicht solche Flow-Abenteuer, die uns beflügeln. Wir setzen uns innerlich und äußerlich in Bewegung und geraten in

Fluss. Wer das noch nie ausprobiert hat, kann sich kaum vorstellen, welche tiefgreifenden Wirkungen wir dabei erfahren dürfen.

Wir können ohne jeden Grund zu lachen beginnen. Dabei versuchen wir mit dem gesamten Körper lauthals loszulachen. Geist und Seele schalten wir ebenfalls dazu. Mit einem solchen umfassenden Lachen können wir viel alten „Müll", der uns schon lange „stinkt", loswerden. Wir entledigen und entsorgen uns von Belastendem, das uns das Leben schwermacht.

Wir alle haben ja schon erlebt, dass wir uns in Gesellschaft fröhlicher Menschen, in der immer wieder gelacht wird, viel wohler fühlen als unter Menschen, bei denen tierischer Ernst herrscht und ständig Klagen laut werden. Nun besteht nicht immer die Möglichkeit, bei miesen Stimmungen eine positive Gemeinschaft aufzusuchen. Aber lachen können wir zu jeder Zeit, wenn wir uns dazu aufraffen.

Manche beginnen, wenn sie fröhlich sind, zu singen. Man kann aber auch „den Spieß umdrehen" und zu trällern beginnen, um frohe Laune zu bekommen. Singen vertieft den Atem, schaltet unseren Seelenmuskel, das Zwerchfell ein und hat viele weitere positive Wirkungen. Man braucht dazu keine besondere Stimme. Wichtig ist vor allem, dass wir es mit Freude tun. Leider kommt das eigene Singen immer mehr aus der Mode. Es ist aber ein großer Unterschied für unser Wohlbefinden, ob wir nur passiv zuhören oder aber selbst singen.

Ich habe immer gerne getanzt, hätte es aber nie für möglich gehalten, dass das Tanzen mich einmal aus tiefster Depression und Krankheit befreien könnte. Auch Tanzen kann Wunder wirken. Wir brauchen dazu keinesfalls einen Partner. Wichtig ist nur, dass wir uns die Musik auswählen, bei der unser Herz zu tanzen beginnt.

Ich versetze mich am Morgen mit LST ins „Flow" und stelle so die Weichen für einen Tag, bei dem dieser „Klang" immer zu spüren ist. Wenn Sie ebenfalls diese „Morgenmedizin" zu sich nehmen, werden Sie staunen, wie sich Ihr Leben bald überall zum Besseren wendet.

Weg in die Freiheit

Jeder von uns sehnt sich nach Freiheit. Allerdings tun wir oft unbewusst alles, um uns den Weg dorthin zu verbauen. Ständig machen wir uns von Menschen und Dingen abhängig. So legen wir uns immer wieder Fesseln an. Unabhängigkeit aber ist der Preis für Freiheit.

Um unabhängig sein zu können, müssen wir neben äußerer Orientierung den Weg nach innen finden und ausbauen. Wer nicht in sich und zu sich stehen kann, wird allzu leicht das Opfer äußerer Einflüsse.

Tschuang Tse, der große Tao-Meister und Dichter, schrieb: „Wes' Verstehen um die Dinge recht ist, für den gibt es kein inneres Schwanken und kein äußeres Beeinflusstwerden." Den meisten von uns fällt es schwer, Halt im eigenen Inneren zu finden. Daraus resultieren Abhängigkeit und Freiheitsverlust.

Durch Reden und Diskutieren kommen wir nicht weiter. Nur wenn wir handeln, können wir in die Freiheit gelangen. Mit Worten allein verirren wir uns im Uferlosen und verlieren dabei viel Energie. Nur das Handeln spiegelt unsere Stärken und Schwächen und führt zur Selbsterkenntnis. Schon Goethe betonte immer wieder, wie wichtig „das Denken am Tun und das Tun am Denken" sei.

Wenn wir unseren Tag mit LST beginnen, kommen wir zum Handeln, und das wird sich auf alles positiv auswirken. Die ausgeschütteten Glückshormone versetzen uns in die Lage, alle Aufgaben und Schwierigkeiten, die im Laufe des Tages auf uns zukommen, unter optimalen Bedingungen anzupacken. Wir haben mehr Glück, mehr Erfolg und geraten nicht so schnell aus dem Häuschen. Eigentlich hat man nicht Glück, sondern man schafft es sich selbst.

So kann uns das am Morgen praktizierte LST zu einer Weichenstellung für einen guten Tag werden. Ein griechischer Philosoph schrieb einmal, dass wir auf den Anfang Acht geben sollten. Ein guter Anfang entscheidet über den Ausgang.

Mit LST erleben wir immer mehr, was Og Mandino in seinem lesenswerten Buch „Das Geheimnis des Erfolgs" schreibt: „Gute Gewohnheiten sind der Schlüssel zum Erfolg, während schlechte Gewohnheiten offene Türen zum Misslingen darstellen." Ich verdanke diesem Buch sehr viel. Es wurde für mich zu einem Freund, der mich schon durch Jahrzehnte hilfreich begleitet. Alle Worte Mandinos in diesem Werk führen stets zum Handeln, das wir unnachgiebig zu kontrollieren haben.

Ich habe es mir sogar im Urlaub und an Feiertagen zur Gewohnheit gemacht, mein Exerzitium, das auch LST beinhaltet, einzuhalten und nicht etwa wegen eines noch so opulenten Frühstückbuffets ausfallen zu lassen. Dadurch gelange ich immer wieder in einen Genuss, den mir nur Disziplin und die Einhaltung guter Gewohnheiten schenken können.

Der *Glaube* an uns selbst

In der Jugend wurde uns stets gepredigt, dass wir an bestimmte Personen „glauben" sollten. Solche Autoritäten waren z. B. Pfarrer, Lehrer und Ärzte. Später verloren wir dann nach einigen Enttäuschungen den Glauben an solche „Respektspersonen".

Nur ganz selten wurde uns von den Erwachsenen geraten, an uns selbst zu glauben. Das ist häufig der Grund, warum wir so lange hilflos durchs Leben stolpern. Manche von uns suchen den mangelnden Glauben an sich selbst durch Titel, Ansehen und andere „Klamotten" auszugleichen. Diese können aber nur die Symptome verdrängen und wirken keinesfalls ursächlich.

Echter Glaube an uns selbst ist nie durch Äußerlichkeiten zu erreichen. Nur das Bewusstsein unseres inneren Reichtums kann uns diesen Glauben schenken. Diese Schätze haben nichts mit Titeln und Besitz zu tun. Oft erstrahlen sie gerade in äußerster Armut.

Woher können wir nun diesen Glauben an uns nehmen, wenn es uns nicht vergönnt war, ihn schon mit der Muttermilch einzusaugen? „Wer bin ich?" Das ist eine zentrale Frage für unser ganzes Leben. Die Antwort darauf entscheidet über Glück und

Erfolg. Louise Hay berichtet in ihren Büchern immer wieder, dass uns die Erziehung ein völlig falsches Bild von uns aufdrängte. Dieses Selbstbild ist geprägt von angeblichen Unfähigkeiten, die uns den Mut nehmen.

Statt uns den Glauben an uns selbst zu lehren und erleben zu lassen, wurde uns der Weg dorthin verbaut. Alle großen Propheten sagen uns aber seit eh und je, dass wir Ebenbilder des Höchsten sind. Wenn wir diese Botschaft verinnerlichen und uns stets vor Augen halten, dann kann der Glaube an uns wieder wachsen.

Heinrich Böll sagte einmal: „In jedem guten Buch steht dasselbe und in jedem schlechten auch." Wie wahr ist doch diese Behauptung. In jedem guten Buch wird uns nämlich auf irgendeine Weise Mut gemacht, an uns selbst zu glauben und entsprechend zu handeln. In jedem schlechten wird uns dieser Glaube ausgeredet.

Die Menschen, die ihr Leben erfolgreich gestaltet haben, hatten diesen Glauben an sich selbst. Dadurch konnten sie schließlich alle Schwierigkeiten überwinden und siegen. Er erwies sich als der eigentliche Motor ihres Lebens. Auf diese Weise brachten sie auch das Durchhaltevermögen auf, das für jede Leistung notwendig ist.

Ohne diesen Glauben an uns selbst geben wir bei den ersten Hindernissen auf und schieben dem Schicksal oder einzelnen

Personen, vielleicht sogar dem lieben Gott die Schuld in die Schuhe. Es fehlt uns dann nicht an Ausreden. Dabei sind allein wir schuld, dass wir uns den Glauben an uns selbst nicht „einreden" konnten.

Auch hier kann uns LST helfen. Durch Lachen, Singen und Tanzen spüren wir eine starke Kraft in uns, die wir im Äußeren anwenden können. Diese Kraft kann nicht durch irgendwelche Widerstände gebrochen werden, sie wächst sogar durch diese zur Widerstandskraft. Nietzsche gab uns dazu ein herrliches Wort: „Was mich nicht umbringt, stärkt mich!" Mit der Zeit wächst diese innere Kraft, und wir werden uns ihrer immer deutlicher bewusst. LST erlaubt es, uns zu behaupten. Diese Erfahrung können wir auf den Alltag übertragen. So wächst der Glaube an uns und verleiht uns Durchsetzungskraft.

Haltung

Unsere Körperhaltung beeinflusst die geistige Haltung und umgekehrt. Die Lebensumstände spiegeln beide wider. Ebenso beeinflusst unser tägliches Verhalten die Verhältnisse. Dieser Zusammenhänge sind wir uns nur selten bewusst.

Die Haltung wird durch verschiedene Faktoren geprägt. Kopfwissen allein sorgt noch lange nicht für Stabilität. Nur wenn wir Körper, Geist und Seele in Einklang bringen und unser Leben verantwortungsbewusst führen, reift die Haltung und erfreut uns und unsere Umgebung.

In unserer vom Materiellen her geprägten Gesellschaft wird zu wenig Wert auf Haltung gelegt. Ebenso können wir überall den Schwund echter Werte beobachten. Geld, Erfolg und Ansehen rangieren bei der Beurteilung von Menschen ganz oben. Unwesentliches, Vergängliches wird überbewertet, während man das Wesentliche aus den Augen verliert.

In früheren Zeiten wurde der Charakter eines Menschen als enorm wichtig erachtet. Heute wird man selbst in hohen gesellschaftlichen Kreisen kaum charaktervolle Persönlichkeiten finden. Ohne die ewiggültigen menschlichen Werte gleicht unsere Gesellschaft einem Dschungel voller wilder Tiere. Viele Begebenheiten erinnern mich immer wieder an Goethes Parabel „Reineke Fuchs", in der dieser große Dichter unsere Zeit wieder einmal vorausahnte, ähnlich wie in seinem „Zauberlehrling".

Eine aufrechte Haltung ist ohne einen guten Charakter nicht möglich. Kinder brauchen deshalb dringend für ihre optimale Entwicklung diesbezügliche Vorbilder. Wenn wir Erwachsene der Jugend diese Vorbilder nicht bieten können, nehmen wir ihr eine entscheidende Chance und berauben sie einer Möglichkeit zu wachsen.

Mit LST können wir an unserer Haltung arbeiten. Alle drei Tätigkeiten verlangen, dass wir uns aufrichten. Immer wieder denke ich an das schöne Wort von Joseph von Eichendorff, das auch einige Liedkomponisten vertonten: „Und meine Seele spannte weit ihre Flügel aus, flog durch die stillen Lande, als flöge sie nach Haus." Diese Expansion erhebt uns in eine wunderbare Stimmung, die jeder Sportler und Künstler kennt und die wir alle schon bei unseren Gipfelerlebnissen genossen. Abraham Maslow, der große Psychologe, rät in seinen Büchern, sich im Geiste immer wieder solche Erlebnisse zu vergegenwärtigen und sich dort zu sonnen. Das ist eine wunderbare Chance, auch im Alltag Urlaub zu machen. K. O. Schmidt schreibt, dass wir aus jeder Begebenheit eine Gelegenheit machen können.

LST ermöglicht es, unsere Haltung körperlich, geistig und seelisch aufzurichten, zu stärken und auszubauen. Eine gute Haltung vermag uns viele Türen zu öffnen, die anderen Menschen verschlossen bleiben. Sie ist auch der Schlüssel zu unserem Wohlbefinden und zu stabiler Gesundheit. Jeder kann auf diese Weise an diesem „Generalschlüssel" für sein Glück arbeiten.

Vom Kopf zum *Herzen*

Die meisten von uns leben im Kopf und finden nicht mehr den Weg zum Herzen. Viele Missstände und Krankheiten resultieren aus dieser „Verkopfung". Für unsere gesamte Bildung ist echte Herzensbildung nämlich ein Fremdwort.

Die materialistische Konsumgesellschaft gibt den Ton an und verlagert den Schwerpunkt des Lebens in den Kopf. Das hat schwerwiegende Folgen, und hier sind auch die Ursachen für die meisten Unstimmigkeiten unseres Lebens zu suchen.

Das Ego, ein „Kind" der linken Gehirnhälfte, herrscht überall. Wer glaubt, dass Intelligenz allein selig macht, irrt. Intelligenz wirkt häufig wie Öl, welches das Feuer des Egoismus weiter aufflammen lässt. Nur mit dem Herzen und der Herzensliebe kann das Ego eingeschränkt und schließlich besiegt werden. Natürlich geht es nicht um die Ausschaltung des Kopfes. Wir brauchen Kopf und Herz und eine Verbindung von beiden. Wenn wir aber Glück und Frieden finden wollen, ist unbedingt das Herzdenken notwendig.

Zunächst einmal muss uns bewusst werden, dass wir die Verbindung zu unserem Herzen verloren haben. Dann ist es an uns, bei

Überlegungen und Entscheidungen das Herz zu Rate zu ziehen. Freilich gibt es Situationen, in denen der Kopf dominant sein sollte. Ein Flugzeugführer, der nur über Herzensliebe verfügt, aber nicht genügend mit den technischen Forderungen seines Berufs vertraut ist, ist völlig ungeeignet, ja höchst gefährlich für die Passagiere. Seine Aufgabe ist es, mit Kopf und Händen optimal zu schalten und seine Gäste auf diese Weise sicher ans Ziel zu bringen. Ebenso muss ein guter Chirurg klar denken können und über handwerkliche Geschicklichkeit verfügen. In vielen Berufen ist Kopfarbeit absolut ausschlaggebend, und das Herz spielt erst in zweiter Linie eine Rolle.

Für Eltern und Erzieher sowie für Therapeuten und Heiler ist jedoch neben den erforderlichen Kenntnissen entscheidend, dass sie ihr Herz einsetzen. Wenn das nicht mitspricht, fehlt eigentlich das Wesentliche, und der Erfolg wird fast immer ausbleiben.

Am besten ist es, wenn Kopf und Herz zusammenarbeiten und je nach Anforderungen einmal das eine oder das andere dominiert. Beides sind notwendige „Werkzeuge", die klug eingesetzt werden sollten.

Für LST steht das Herz an erster Stelle. Wer nur rational beim Lachen, Singen und Tanzen vorgehen will, kommt nicht recht vorwärts und verliert schnell die Freude daran. LST verlangt, dass wir das Herz einschalten und öffnen und es dann auch im Alltag immer mehr zum Segen für uns selbst und unsere Mitmenschen sprechen lassen.

Hier und Jetzt

Wer seine Gedanken beobachtet, wird immer wieder feststellen, dass sie entweder in die Vergangenheit oder in die Zukunft davonlaufen. So wie die Affen auf den Bäumen umherspringen, so irren unsere Gedanken durch die Zeiträume. Es ist uns nicht bewusst, dass der einzige Augenblick, in dem wir leben können, das Jetzt ist. Die Vergangenheit ist endgültig vorbei, und die Zukunft schläft noch in weiter Ferne.

Von der gelebten Gegenwart aus können wir auch die Vergangenheit bewältigen und die Zukunft beeinflussen. Die Gegenwart, und nur diese, gibt uns den Schlüssel für alle Zeiträume. Von hier aus haben wir sogar Zugang zur Ewigkeit.

Warum weichen wir aber immer wieder den „goldenen Augenblicken" aus und flüchten in ein „Niemandsland"? Unsere Erzieher waren meist ebenso wenig im Hier und Jetzt. Auch sie träumten von besseren Zeiten und konnten die Gegenwart kaum ertragen. Im Beruf dachten sie an die Freizeit, im Alter an die Kindheit usw. So haben wir ganz unbewusst diese ständige Flucht der Erwachsenen übernommen, ohne diese Einstellung zu durchschauen oder gar anzuzweifeln.

Ich bin nur ganz selten Menschen begegnet, die in der Gegenwart waren und von dort aus ihr Leben steuerten. Anfangs wusste ich nicht genau, was mich an ihnen so faszinierte. Später erkannte ich, dass sie ihre Arbeit mit Begeisterung erfüllten und es nicht nötig hatten, stets auf der Suche nach Abwechslung zu sein.

Bei gesunden Kindern können wir die Kunst der Präsenz im Hier und Jetzt noch bewundern. Sie sind in ihr Spiel so vertieft, dass anderes gar keinen Raum hat. Sie hören nichts und sehen nichts außerhalb ihrer Tätigkeit, in der sie vollkommen aufgehen. Wird ihnen dann in der Schule bei ungeliebten Beschäftigungen Konzentration „beigebracht", flüchten sie in andere Zeiten und Räume und beginnen zu träumen.

Auch uns fällt es natürlich leichter, im Hier und Jetzt zu sein, wenn wir einer Liebhaberei nachgehen. Denjenigen, die ständig monotone Arbeiten verrichten müssen, können wir es nicht übel nehmen, wenn sie gedanklich „fremdgehen".

Praktizieren wir LST, kommen wir kaum auf andere Gedanken. Wir gehen dabei einer Tätigkeit nach, die uns körperlich, geistig und seelisch ganz gefangen nimmt und ausfüllt. Es bleibt kein Raum, in den sich Fremdes einschleichen kann. Wie spielende Kinder gehen wir ganz in LST auf. Es hilft uns, den gegenwärtigen Augenblick zu genießen und im Hier und Jetzt zu leben. Für Grübeleien und Sorgen ist keine Zeit. Welch eine Befreiung!

Heraus aus der *Komfortzone*

Das Leben erlaubt uns nie, für längere Zeit in einer „Komfortzone" zu verweilen. Werden wir doch immer wieder vor neue Herausforderungen gestellt, die uns aus unserer Bequemlichkeit herausscheuchen. Die Weisen sagen uns, dass wir schlafen und nicht gerne geweckt werden wollen. Blicken wir selbst Jahre oder Jahrzehnte zurück, so können wir oft nicht mehr verstehen, wie wir z. B. so lange dem Rauchen oder anderen schädlichen Gewohnheiten verfallen waren.

Es ist eben schwer, Altes aufzugeben, auch wenn es an unserer Lebenskraft nagt oder sie gar bedroht. Für viele Zeitgenossen wurde der Sessel vor dem Fernsehapparat zum Lieblingsplatz, und jede freie Minute wird dort verbracht. Die Medienindustrie begrüßt natürlich ein solches Verhalten, da die Diktatur der Einschaltquote die Programme beherrscht.

Wenn wir bedenken, dass die Zeit das Kostbarste ist, was wir haben, so gleicht ununterbrochenes Fernsehen hellem Wahnsinn. Machen wir uns bewusst, dass wir zwar verlorenes Geld zurückgewinnen können, aber kein einziger verlorener Augenblick je wiederkehrt.

Viele beklagen sich, dass das Leben zu kurz sei. Gemessen an der Eintagsfliege aber ist diese Feststellung völlig unbegründet. Ich glaube, dass es nicht wenig Zeit ist, die wir haben, sondern dass wir nur zu wenig davon nutzen. Was haben manche Menschen in nur kurzer Zeit geleistet und der Nachwelt hinterlassen!

Viele wachen erst am Ende ihres Lebens auf und sind dann traurig, dass so wenig dabei herauskam. Ihr Schlaf in einer Nische der Komfortzone hat ihnen die meiste Zeit geraubt. Aber niemand anders als sie selbst ist dafür verantwortlich. Das äußere Angebot war eben zu verführerisch, und sie konnten nicht widerstehen.

Wer seine Berufung erfüllen will – und jeder von uns hat eine große Aufgabe –, muss immer wieder seine Bequemlichkeit überwinden. Dazu braucht man ein Ziel, einen starken Willen und Mut. Wer allzu abhängig von anderen ist, schafft oft nicht den rechtzeitigen Absprung.

Wenn wir das Licht der Welt erblicken und aus dem warmen Mutterschoß hinausgedrängt werden, weinen wir. Das erste Mal verlassen wir eine Komfortzone, und viele Umstellungen sind lebensnotwendig. Danach folgen am laufenden Band immer neue Herausforderungen. Jedes Jahr, jede Alterstufe stellt uns vor weitere Prüfungen. Manche von uns versuchen, diese Aufgaben der Lebensschule zu umgehen. Doch das gelingt auf Dauer niemandem. Glück, Gesundheit und Erfolg hängen im Wesentlichen davon ab, auf welche Weise wir Prüfungen annehmen und sie für unser Wachstum nutzen.

Die Natur kann uns hier mit überzeugenden Beispielen helfen, unsere Lebenslektionen zu verstehen und anzugehen. Im geschützten Ei bereitet sich der winzige Vogel auf sein späteres Luftdasein vor. Wenn es an der Zeit ist, zerhackt er die schützende, aber nun auch störende Eihülle, um sich zu befreien und schließlich Himmel und Erde zu erobern. Die Raupe verpuppt sich und gönnt sich eine Ruhepause in ihrem Kokon, bis auch sie die enge Herberge öffnet und verlässt und als Schmetterling durch die Luft gaukelt. Alle diese Befreiungen stellen für die Tiere immer wieder große Überwindungen dar. Wer es geschafft hat, dem würde es nie mehr in den Sinn kommen, ins einmal verlassene Gefängnis zurückzukehren. Die erlangte Freiheit übertrifft all die Mühen, die sie erforderte.

Für mich ist LST am Morgen immer wieder wie ein Absprung in die Freiheit eines neuen abenteuerlichen Tages, der die Mühe lohnt, etwas früher aufzustehen und die Komfortzone des morgendlichen Dahindämmerns zu verlassen. Manchmal fällt mir das schwer. Überwinde ich mich aber, so kann ich den ersten Sieg des Tages für mich verbuchen. Wenn ich doch einmal nicht dazu komme, so geht die Sonne am Horizont meines Bewusstseins erst später auf.

Alles hat eben im Leben seinen Preis. Es gibt nichts umsonst. Sind wir bereit, diesen Preis zu bezahlen? Ich kann es nur empfehlen!

Komödie statt Tragödie

Wir können unser Leben lachend oder weinend verbringen. Doch wenn wir lachen, wird es uns auf jeden Fall besser gehen. Es liegt allein an uns, wie wir uns entscheiden wollen.

Unsere Veranlagungen sind sehr verschieden. Während die einen mehr zur Heiterkeit neigen, sehen die anderen gerne alles schwarz. Aber es ist heute eindeutig nachgewiesen, dass wir uns alle verändern können. Allerdings bedeutet dies Arbeit.

Die Dichter schrieben Tragödien und Komödien. Auch die Komponisten schufen sowohl tragische als auch heitere Werke. Viele Opern enden traurig, während wir in den Operetten Heiteres genießen können. Interessant ist, dass die meisten Dichter und Komponisten sich am Ende ihres Lebens mehr zum Heiteren bekannten. Giuseppe Verdi, dessen Opern tragisch gefärbt waren, räumte in seiner letzten Oper „Falstaff" dem Humor den entscheidenden Platz ein.

Humor ist ein Zeichen von höchster Reife. Es wird berichtet, dass früher viele, die zum Tod auf dem Scheiterhaufen verurteilt waren, ihrem Ende lachend entgegengingen.

Ich selbst neigte viele Jahre meines Lebens eher zum Tragischen. Wichtige Begegnungen belehrten mich aber eines Besseren. Allmählich fand ich meinen Weg, der mir von vielen Menschen so liebevoll nahegelegt wurde. Sie rieten mir, mehr zu lachen und alles leichter zu nehmen. Natürlich brauchte ich eine gewisse Zeit, in der ich auch immer wieder einmal „rückfällig" wurde. Aber allmählich merkte ich, dass mir die neue Lebensanschauung guttat.

Es ist keinesfalls leicht, eine alte und liebe Gewohnheit verändern zu wollen. Wir sind an sie gefesselt und müssen diese Bande erst lösen. Sobald wir jedoch an das Neue gewöhnt sind, können wir gar nicht mehr begreifen, wieso wir dem Alten so lange verhaftet waren.

Ich begrüßte die Heiterkeit und Fröhlichkeit, die nun mein Leben beherrschte. Mein Wohlbefinden stabilisierte sich in zunehmendem Maße. Die ständige Berg- und Talfahrt von „himmelhoch jauchzend" und „zu Tode betrübt" war vorbei. Ich empfand mein Leben immer mehr als Komödie und nicht mehr als Tragödie.

Wie oft erweist sich das, was uns im Moment verzweifeln lässt, am Ende als ausgesprochener Glücksfall. Wir sind halt manchmal recht kurzsichtig, was die Beurteilung unserer Lage betrifft. Freude verwandelt sich in Leid, und aus Leid wird Freude. Lassen wir uns allzu sehr von unseren Gefühlen erschüttern, handeln wir schnell unvernünftig.

LST kann uns schon am Morgen helfen, die Welt als Komödie zu betrachten. Diese positive Einstellung können wir dann als Leitfaden für den gesamten Tagesverlauf verwenden. So werden alle unsere Vorhaben besonnener und besonnter gelingen. Wir sparen auf diese Weise Zeit und Energie.

Lassen wir uns nicht von solchen Mitmenschen verleiten, die glauben, alles tragisch nehmen zu müssen. Setzen wir diesem Unsinn ganz bewusst unsere positive Haltung entgegen. Das ist der beste Dienst, den wir uns allen erweisen können.

Ausbruch aus dem

Konsumgefängnis

„Alles, was aus dir kommt, wird dich letztlich erretten, alles, was nicht aus dir kommt, wird dich zerstören." (Thomas-Evangelium)

Das Tier ist durch seine Instinkte festgelegt. Der Mensch hingegen hat von seinem Schöpfer absolute Freiheit erhalten. Es ist sein wertvollstes Geschenk. Leider ist das nur wenigen bewusst. Wie Hans im Glück vergeuden wir diese Gabe.

In der heutigen Zeit geraten viele in ein „Konsum-Gefängnis" und verlieren dadurch ihre Freiheit. Das Überangebot unserer Konsumgesellschaft ist so verlockend, dass wir nur allzu leicht in eine ihrer Fallen geraten und unser Leben als „Gefangene" verbringen. Es geht uns ähnlich wie den Tieren, die durch einen Köder angelockt werden und dann Freiheit und Leben verlieren. Die Gier nach Besitz, nach Ruhm und Anerkennung und vielen anderen äußeren Verlockungen ist die Ursache, dass wir unsere goldene Freiheit gegen Abhängigkeiten und Gefangensein eintauschen.

Goethes „Faust", der sich von den Versprechungen des Mephisto verführen ließ, verlor seine Freiheit und ging seinem Untergang entgegen. Uns ergeht es ähnlich. Wir lassen uns von dem Riesenangebot der Außenwelt ebenfalls verführen und verlieren dabei den Zugang zu unserem Inneren, das weitaus größere Reichtümer birgt.

Natürlich dürfen wir uns dankbar und sinnvoll mancher Angebote von außen bedienen. Wer möchte z. B. heute noch auf sein Auto verzichten? Solange wir frei und verantwortungsvoll mit allem umgehen, ist es in Ordnung. Verkaufen wir jedoch unsere Freiheit, um Sklave äußerer Verlockungen zu werden, so sind wir Gefangene und tauschen Gold gegen Nichts ein.

Eine Geschichte erzählt, dass die Götter einst berieten, wo sie den größten Schatz verstecken sollten, damit der Mensch ihn nicht so leicht findet. Einige meinten, er solle auf den höchsten Bergen hinterlegt werden, andere glaubten, dass die Tiefen des Meeres das geeignete Versteck wäre. Aber schließlich waren sie der Ansicht, dass die Menschen in ihrem Forscherdrang überallhin vordringen würden. So entschlossen sie sich, den Schatz im Menschen selbst zu verbergen, denn dort würde er ihn zuletzt suchen.

Welche Wahrheit liegt in dieser Erzahlung! Auch heute suchen wir fast nur im Äußeren. Der Mensch fliegt zum Mond, er erkundet das Weltall und dringt immer weiter vor. Die Erforschung des Inneren, wo die allergrößten Schätze lagern, hinkt nach wie vor hinterher.

Alle Weisheitslehrer wiesen uns stets nach innen. „In uns oder nirgends ist die Ewigkeit mit ihren Welten", sagte Novalis, der große Dichter. Christus lehrte: „Das Himmelreich ist inwendig in euch." Johannes Fernando Finck bekannte: „Glaub an kein Außenglück. Hast du dies überwunden, so hast du dann alsbald das ganze Glück gefunden."

Die Katastrophen unserer Zeit wollen uns zum Umdenken und Umkehren führen, um wieder den Weg nach innen zu gehen. Es ist der einzige Weg zu einem erfüllten Leben, das wir alle ersehnen. Schon viel zu lange lassen wir uns von den hohen Ansprüchen des Lebensstandards tyrannisieren.

LST kann uns den Weg zu den inneren Quellen zeigen. Diese versiegen im Gegensatz zu äußeren Reichtümern nie. Sie machen uns Mut, aus so manchen „Gefängnissen" auszubrechen. So erkennen wir, dass Freiheit wirklich das höchste Gut ist, das uns der Schöpfer gab. Ohne Freiheit geht uns die Luft zum Atmen aus, und eine Krankheit nach der anderen schwächt uns.

Sehnsüchtig betrachten wir den grandiosen Flug der Vögel, die sich frei in unendliche Höhen erheben. Diese Freiheit können sie nur genießen, weil sie bereit sind, auf jeglichen Ballast zu verzichten. LST lässt uns die Leichtigkeit des Seins jenseits der Schwere materieller Anhaftung erleben.

Sprenge Dein *Korsett!*

Die meisten von uns tragen ein Korsett, das Geist und Seele einengt. Grundsätzlich gibt es zwei Möglichkeiten, dieses
Problem anzugehen. Aber es gibt nur eine Möglichkeit, um es
ursächlich zu lösen.

Unsere Wohlstandsgesellschaft bietet eine Menge äußerer Drogen an, die im Moment zu helfen scheinen. Wenn wir allerdings
aus dem Rausch aufwachen, fühlen wir uns elender als je zuvor.
So greifen wir schnell wieder zur Zigarette, zum Alkohol oder
auch zu härteren Drogen, um uns aufs Neue zu betäuben. Wir
geraten dann in einen Teufelskreis, der uns unsere Unabhängigkeit und Freiheit raubt und letztlich unsere Gesundheit kostet.

Solange wir Freude und Befriedigung im Äußeren suchen, werden wir stets in die Irre gehen. Wie unzählige andere Menschen
habe auch ich diese Erfahrung machen müssen. Was uns am
Anfang Freiheit verspricht, schnürt in Wirklichkeit das Korsett
immer enger, bis uns schließlich die Luft ausgeht.

Es ist unser gutes Recht, ja sogar unsere Pflicht, Glück und
Freude zu suchen und zu erleben. Kreativität ist der beste Weg
zu ihnen. Da wir das während der Ausbildung nicht lernten,

vergaßen wir unseren eigentlichen kreativen Reichtum. Das Ziel unserer Erziehung und Bildung war, uns zu funktionsfähigen Teilen der Berufswelt zu formen. Originalität war dabei unerwünscht. Man verpasste uns also ein Korsett, um uns in die gewünschte Form für das Puzzle der modernen Gesellschaft einzupassen. Als Ausgleich für den Verlust der Kreativität bietet uns die Konsumwelt heute eine Menge Ersatzbefriedigungen.

Wer also ein gesundes und glückliches Leben führen will, dem bleibt nichts anderes übrig, als den Schatz der eigenen Kreativität im Innern wieder zu entdecken und zu heben. Jeder Mensch hat eine kreative Anlage. Imitation jedoch ist Selbstverrat, da wir alle ganz verschiedene Begabungen und Talente haben. Es gilt, unser Original zu leben.

Wir hatten leider nur wenige Lehrer, die unsere Originalität erkannten und förderten. Meist wollten sie uns zu einer Kopie ihrer Ambitionen degradieren. Brave Schüler mit guten Zeugnissen folgten diesem „Lehrauftrag", anstatt originelle Wege zu wagen.

So gerieten wir oft völlig unbewusst und ungewollt in ein Korsett, das später durch Ehe und Berufswelt nur noch enger wurde. Wie wollen wir da wieder herausschlüpfen und uns davon befreien? Der einzige Weg ist, sich in diesem Marionettenspiel des Lebens seiner Kreativität zu erinnern und sie zu pflegen.

Wer diesen Schritt wagt, kann ein neues Leben beginnen. Man darf aber nicht glauben, dass das einfach ist und dass man unterstützt wird. Albert Schweitzer meinte in diesem Zusammenhang, dass uns „Prügel in den Weg gelegt werden". Jeder, der dieses Wagnis einging, hat das bereits erfahren. Verwandte und Bekannte rücken plötzlich von uns ab und erklären uns für verrückt. Kaum jemand unterstützt uns, das würde ja für sie einer Bankrotterklärung gleichkommen. Nur wer sich selbst eine Neugeburt erschaffen hat, bringt dafür Verständnis und Anerkennung auf. Alle anderen verfolgen uns mit ihrem Neid. Diesen Neid muss man sich verdienen, während das Mitleid überall umsonst zu haben ist.

Der Zugang zur Kreativität führt nicht über das Grübeln, sondern über das Denken und Tun. Wir müssen mutig und teilweise auch mit einem gewissen Risiko experimentieren. Denken Sie einmal nach, welchen Beruf Sie als Kind ergreifen wollten. Vielleicht wagen Sie dann heute eine Umschulung. Sollten Sie schon sehr betagt sein, dann können Sie ja immer noch ein Hobby daraus machen und auf diese Weise aufblühen.

Man ist nie zu alt, um grundlegende Dinge im Leben zu ändern. Es gibt Menschen, die sich schon mit 50 Jahren alt fühlen, und andere packen mit 90 noch etwas Neues erfolgreich an. Wer ein Ziel vor Augen hat, den zieht dieses wie eine Lokomotive voran. LST war für mich ein Sprung in meine Originalität, die ich lange Jahre vergessen hatte.

Wenn Sie einige Zeit LST praktizieren, spüren Sie, wie das Korsett, das man Ihnen einst verpasste und das Ihnen im Laufe der

Jahre immer mehr die Luft nahm, sich langsam löst. Es gibt Sie frei für ein neues Leben jenseits der Gitterstäbe, hinter denen die meisten ihr Leben fristen.

Mit LST konnte ich schon viele Korsette lockern und ablegen und meine Freiheit wieder erlangen. Ich wünsche Ihnen ähnliche befreiende Erfahrungen. Möge Ihnen der Spruch R.W. Emersons zum persönlichen Erlebnis werden: „Nichts kann dich retten, nur du dich selbst."

Wir alle sind geborene *Künstler*

Wir kommen als Künstler auf die Welt, und die Erwachsenen freuen sich an unserer Originalität. Bald aber beginnt die elterliche und schulische Ausbildung, und die einst „goldigen Kinder" werden zu „brauchbaren Typen" verformt.

Derartige Erziehungsmaßnahmen liefern später den Psychologen und Psychotherapeuten die Patienten. Immer tiefer tauchen die einst so quietschvergnügten Kinder in den „Ernst des Lebens" ein, um im Gleichschritt mit den Großen zu marschieren. Das Spielen ist zu Ende, die Arbeit beherrscht nun durchweg das Leben. Nur wenige Individuen retten ihr originelles Künstlertum ins Erwachsenenalter hinein und sichern so ihr „Überleben", das ihnen Glück, Gesundheit und Erfolg ermöglicht.

Das Künstlerbild unserer Gesellschaft will uns suggerieren, dass nur ganz seltene Begabungen die Bezeichnung „Künstler" verdienen. Hermann Hesse z. B. sah ihn aber in allen Menschen.

Saul Bellow schreibt: „Nur starke, eigenwillige Persönlichkeiten entgehen den Gefängnissen, die uns unsere Umgebung zu errichten trachtet. Selbst in der größten Wirrnis aber gibt es noch einen Kanal zu unserer Seele. Er mag schwer zu finden sein.

Meist ist er in der Mitte unseres Lebens schon überwachsen, und manches vom umgebenden Dickicht entsprießt dem, was wir als Erziehung bezeichnen. Die einzige Möglichkeit, Trost, Kraft und Unterstützung zu allen Zeiten zu finden, ist, sich an die Instanz zu wenden, die uns geschaffen hat. In Übereinstimmung mit den modernen Wissenschaftlern nenne ich diese Instanz Gott."

Unser angeborenes Talent kann sich auf den unterschiedlichsten Gebieten zeigen. Nicht nur Musiker oder Maler sind Künstler. Ein guter Koch ist es ebenso wie eine verständnisvolle Mutter, die in die Seele ihrer Kinder hineinschauen kann. Es ist eine lohnenswerte Aufgabe für uns Erwachsene, wieder zum spielenden Kind zurückzufinden. Auf diese Weise kann der Arbeitsstress aufgelockert werden.

Joseph von Eichendorff schrieb: „O wüsst` ich doch den Weg zurück, den lieben Weg ins Kinderland!" LST kann uns einen Weg dorthin zeigen. Er führt vom Denken und Fühlen zum Tun. Er befreit uns aus unserer Fesselung und bringt uns zum Lachen, Singen und Tanzen. Wir lernen wieder wie die Kinder durch das Tun. Alle unsere Tätigkeiten sind getragen und erfüllt von Freude.

In der heutigen Zeit wird dem Kreativen immer mehr Raum genommen. Als es noch kein Telefon gab, schrieben sich die Menschen lange Briefe. Dieses Briefeschreiben war eine kreative Tätigkeit, die Spaß machte. Von vielen Dichtern und Musikern gibt es Buchausgaben von ihrem Briefwechsel. Sie berichteten darin über ihre Freuden und Leiden und tauschten sich aus.

Leider schreibt heute kaum noch jemand Briefe. Wir werden stattdessen immer mehr Konsumenten statt Produzenten und huldigen dem wenig kreativen Fernsehen. Dabei wäre es viel wichtiger, unsere eigene Produktivität zu entfalten und damit uns und anderen eine Freude zu bereiten. Immer, wenn wir unsere Kreativität an einer geliebten Tätigkeit pflegen, werden innere Drogen aktiviert, die uns glücklich machen und Energie schenken.

Es gibt Menschen, die in den Ruhestand gehen und kurz darauf sterben, weil sie nichts „Sinnvolles" mehr zu tun haben. Andere hingegen arbeiten schöpferisch bis ins hohe Alter und bleiben gesund und munter.

Wer kreativ sein kann, erlebt die Arbeit als Gnade, als eigentliche Aufgabe seines Lebens. Wie arm sind doch diejenigen, die immer auf den Feierabend oder auf den Urlaub warten und nur dort scheinbar glücklich sein können. Hermann Hesse meinte, das eigentliche Glück von uns Menschen ist, seine Aufgabe gefunden zu haben. Jede Kreativität macht uns glücklich und gesund.

Lassen wir uns also von den vielen Konsumangeboten nicht zu sehr verwöhnen. Werden wir vielmehr selbst zu Produzenten, die ihre Kreativität ins Feld führen und dadurch eine Freude ernten, die das Konsumieren niemals geben kann.

LST führt uns zurück auf den Pfad des Künstlers, den wir durch die Erziehung verlassen mussten. Wir lernen aufs Neue, eigenen Ideen und Empfindungen zu vertrauen. Auf diese Weise können wir die Maske ablegen und heimfinden zu uns selbst, da wir wieder die leise Stimme unserer Seele vernehmen. Überhören wir diese Stimme zu lange, schickt sie uns als „Notschrei" Krankheiten.

Viele scheuen sich, vor anderen zu tanzen und zu singen. Schlechte Noten in der Schule sind oft die Auslöser für solche Rückzüge. LST jedoch können wir ganz alleine ohne Zuschauer praktizieren. So brauchen wir keine Abwertung und Kritik zu befürchten. Völlig ungeniert können wir uns frei entfalten. Wir hören nur auf unsere inneren Impulse und folgen ihnen. Wir können keine Fehler machen und müssen uns vor niemandem rechtfertigen, sondern sind völlig ungebunden, so wie wir es als Kinder noch waren.

Im Beruf haben wir Vorgesetzte und sind ihren Launen ausgeliefert. Mit LST fühlen wir uns als König im eigenen Reich. Zwar gelingt es nicht immer, alles auf den Alltag zu übertragen, aber ein gewisses Selbstbewusstsein und eine wohltuende Gelassenheit können wir hinüberretten. Das Wohlbefinden, das LST schenkt, kann uns somit in der Arena des Lebens hilfreich sein. So manche Auseinandersetzung und mancher Stress können auf diese Weise vermieden werden.

Den *Lebensmotor* anwerfen

Viele Menschen sind am Ende ihres Lebens enttäuscht. Es scheint ihnen, dass all die Jahre und Jahrzehnte wie ein Schnellzug an ihnen vorbeirasten und sie es versäumt haben, einzusteigen und mitzufahren. Es fehlte ihnen der Mut zum Absprung.

Mit Angst und Vorsicht kommen wir nicht weiter. Statt eigene Erfahrungen zu wagen, „konsumieren" wir Ratschläge von anderen. Das schadet der Selbstständigkeit und macht uns abhängig.

Jeder von uns hat im großen Lebensspiel eine besondere Aufgabe, die nur er erfüllen kann. Aber wenn wir uns dessen nicht bewusst sind, verlieren wir Zeit und Energie und stehen am Ende mit leeren Händen da. Was nützt das schönste Auto, wenn wir nicht damit fahren. Ebenso geht es uns mit unseren Talenten, wenn wir sie nicht einsetzen, um damit uns und anderen eine Freude zu bereiten.

Vom Sport her wissen wir, dass der Start enorm wichtig ist. Wer nicht aus den Startlöchern herauskommt, hat keine Chance. Manche beheimaten sich sogar in diesen und wundern sich dann, dass es nicht vorwärts geht. Es ist sinnlos, ununterbrochen Reisen zu planen, aber nie aufzubrechen.

Die beste Möglichkeit, unseren Lebensmotor anzuwerfen, ist, unsere Begabungen praktisch zu nutzen. Wer seinen Beruf oder sein Hobby durch äußere Einflüsse gewählt hat, fährt ständig mit angezogener Handbremse. Die Erfüllung bleibt deshalb aus. Nur was wir aus einer echten Berufung heraus leisten, schenkt uns die Freude, die unseren Lebensmotor anwirft und uns schließlich ans Ziel befördert.

Die Freude ist der Sprit, der nie ausgeht. Eine allzu große Ernsthaftigkeit, die uns heute von vielen Seiten immer wieder ans Herz gelegt wird, hemmt den Motor. Erfolgreiche Menschen bewahrten sich unter noch so schwierigen Umständen ihren Humor. Das Lachen blieb stets ihr Gefährte.

Der Ernst hindert uns daran, die notwendige Flexibilität aufzubringen, die unser Ziel erfordert. Beharrlichkeit und Ausdauer sind zwar lobenswerte Tugenden. Wenn wir aber die Leiter an die falsche Mauer stellen, kommen wir nicht weiter. Manchmal ist es sogar notwendig, das Ziel umzustecken. Aber auch wenn es wichtig ist, seiner Berufung treu zu bleiben, müssen wir die Route manchmal ändern und Umleitungen fahren, die uns der gesunde Menschenverstand rät.

An einem Beispiel möchte ich das verdeutlichen. Die Eiche hat ein enormes Standvermögen. Setzen jedoch orkanartige Stürme ein, so läuft sie Gefahr, zu brechen. Der Bambus hingegen scheint der Eiche an Festigkeit nachzustehen. Aber bei Stürmen schützt ihn seine Flexibilität. Von beiden können wir lernen.

Manchmal ist im Leben Standfestigkeit angesagt, manchmal Flexibilität. Das hat nichts damit zu tun, dass man sein „Fähnchen nach dem Wind hängt".

LST kann uns helfen, unseren Lebensmotor anzuwerfen. Es befreit uns aus der Kopfspirale und führt uns zum Handeln, damit wir nicht in den Startlöchern einschlafen. Die Freude, die uns das Lachen, Singen und Tanzen bringen, schenkt uns genügend Sprit, um tagsüber gut über die Runden zu kommen. Wenn wir das des Öfteren bewusst genossen haben, dann „opfern" wir gerne die Zeit, weil es sich den ganzen Tag über vielfach auszahlt.

Loslösung

Unser materialistisches Denken verführt dazu, sich an Vergängliches zu hängen und zu klammern. Das löst großes Leid aus, wenn einmal die Zeit kommt, dass wir alles loslassen müssen. Viele von uns werden dann krank, weil sie sich einfach nicht von etwas oder irgendjemandem trennen können.

Was tun wir nicht alles, um uns gegen Verluste abzusichern. Es gibt heute nichts, für das man nicht eine Versicherung abschließen könnte. Aber letztlich müssen wir doch einmal das hergeben, woran wir unser Herz gehängt haben. Johannes Fernando Finck schrieb: „Als ich mein Herz noch an etwas hängte, klagte es; als ich es an die Seele abgab, wurde es hoheitsvoll."

Der Atem zeigt uns diese Lektion ebenso wie die Verdauung. Wer seinen Atem nicht hergeben will, läuft Gefahr zu ersticken, und wer Unverdauliches nicht ausscheiden kann, vergiftet sich. LST lehrt uns so ganz nebenbei, uns von dem Besitzwahn zu lösen und wieder herzugeben, was wir empfangen haben. Ich las einmal das Wort „Im Fluge küssen." Es wurde für mich zu einem guten Freund.

Wir beheimaten uns gerne dort, wo es uns gefällt. Aber das Leben lässt Stagnation nicht zu. Stets wirft es uns wieder in den Strom des Lebens. Beim Lachen, Singen und Tanzen sind wir innerlich und äußerlich stets in Bewegung, nichts steht fest. Alle drei Tätigkeiten sind Äußerungen, die aus unserem Inneren entspringen und die wir gerne herauslassen. Sie befreien uns von zerstörerischen Gedanken und Gefühlen und beseitigen Blockaden.

Mit dem Lachen mobilisieren wir kraftvolle Energien und schleudern damit so manches Bedrückende hinaus. Es kann einem Vulkanausbruch gleichen, der altes Gestein ins Freie befördert. Wie bei Feng Shui wird Unbrauchbares entsorgt. Hinterher fühlen wir uns erleichtert.

Auch das Singen kann befreiend wirken. Was uns im Inneren belastet, können wir auf diese Weise loswerden. Der große Komponist Franz Schubert sagte, dass er aus seinem Leid Lieder „geformt" habe. Ich selbst habe stets meinen Kummer durch Gesang transformieren können. Gefühle, die uns im Moment jede Hoffnung zu rauben scheinen, können wir durch Singen umwandeln.

In dem Buch „Bauchtanz" von Eluan Ghazal las ich, dass eine Frau durch nichts von ihrem Liebeskummer zu heilen war. Eine Freundin schlug ihr deshalb vor, mit ihr in Urlaub zu fahren. Sie hoffte, ihr durch diesen Tapetenwechsel helfen zu können. Aber auch das hielt nicht lange an. Eines Tages besuchten sie eine Tanzveranstaltung, und ein Wunder geschah. Das Tanzen befreite die Leidende endgültig von ihrem Liebeskummer.

Ich durfte ähnliche Erfahrungen machen, sonst hätte ich wahrscheinlich nicht geglaubt, dass es durch Tanzen möglich ist, großen Kummer zu besiegen. Tanzen erlaubt uns ebenso wie Lachen und Singen, Bedrückendes durch Bewegungen hinauszuschleudern und es auf diese Weise loszuwerden. Das Drehen erfüllt unsere Chakren mit immer neuer Kraft. Wir tauschen somit schlechte Energien gegen gute aus.

LST wirkt so wie eine „geistige Bluttransfusion". Es lehrt uns, all das Schöne, das wir im Moment erleben und produzieren, augenblicklich wieder loszulassen. So empfinden wir, dass dies eigentlich eine Befreiung sein kann. Hermann Hesse ruft uns in seinem Gedicht „Stufen" am Ende zu: „Wohlan denn, Herz, nimm Abschied und gesunde!"

Vom Konsumenten zum *Produzenten*

Die Überproduktionen in unserer Wohlstandsgesellschaft verführen uns zu übertriebenem Konsum. Während man im vorindustriellen Zeitalter oft lange auf einen gewünschten Artikel warten musste, überschwemmt uns heute der Markt mit einer Flut neuer Produkte. Um den Verkauf weiter anzuheizen, gewinnt die Werbung eine immer größere Bedeutung. Sie versucht in uns Bedürfnisse zu erwecken, auf die wir von alleine gar nicht kommen würden.

Früher lag das Problem in der Herstellung, heute liegt es im Verkauf. So werden in uns von klein auf Wünsche herangezüchtet. Der Normalbürger betrachtet dann seine Wunschbefriedigung als Glück. Doch Glück ist niemals käuflich.

Hier liegt auch der Grund, dass wir die Kreativität grob vernachlässigen. Da uns die Industrie mit ihren ständigen Angeboten verwöhnt, werden wir passiv und fixieren unser Leben auf den Konsum, der uns alles verspricht.

Diese Entwicklung können wir heute in allen Bereichen des Lebens beobachten. Solange wir z. B. noch über keine Fahrzeuge verfügten, mussten wir jeden Weg zu Fuß zurücklegen. Das hielt uns auf Trab, und wir blieben in Form. Heute besitzt fast jeder ein Auto, und viele neigen dazu, selbst die kleinsten Strecken mit ihrem Wagen zu fahren. Die Ärzte sagen uns, dass Bewegungsmangel der Grund für viele Krankheiten ist.

Aber nicht nur der Körper sollte in Bewegung gehalten werden, auch der Geist fordert Flexibilität. Wir müssen wieder lernen, aus unserer bequemen Passivität einen Weg in eine gesunde Aktivität zu finden. Nur so vermeiden wir Krankheiten.

Wir sollten also danach trachten, dass wir den Weg vom Konsumenten zum Produzenten finden und gehen. Dann erleben wir auf einmal den Segen eigenen kreativen Tuns. Wir erfahren, dass es viel besser ist, wenn wir selbst singen, anstatt immer nur anderen zuzuhören. Die zahllosen Sportsendungen im Fernsehen stärken unseren Körper keinesfalls, sie schwächen vielmehr nur die Nerven. Schließlich können wir uns ja auch nicht ernähren, indem wir beim Essen nur zuschauen.

LST kann uns auch hier helfen, selbst kreativ tätig zu werden und Körper, Geist und Seele in Bewegung zu setzen. Wenn wir nach einiger Übung immer mehr das Gefühl bekommen, wie gut uns das tut, werden wir es zu einer lieben Gewohnheit machen. Am Anfang kostet es natürlich eine gewisse Überwindung, von der Passivität in die Aktivität zu gelangen, vom Konsumenten zum Produzenten zu werden. Aber dadurch können wir alte und schlechte Gewohnheiten, die uns bisher als Ersatzbefriedigung dienten, leichter ablegen, denn wir haben ja etwas viel Besseres gefunden.

Die rechte *Schaltung*

In unserer technischen Welt sind wir bestens darin geübt, die rechte Schaltung vorzunehmen. Schon die Schulkinder erweisen sich heute als Spezialisten, was z. B. den Computer oder das Handy betrifft. Bereits die 17-Jährigen fahren Auto. Uns Erwachsenen fallen diese Schaltungen ebenfalls leicht, und wir bedienen alles souverän.

Ist es aber nicht merkwürdig, dass den meisten von uns die rechte Schaltung im Geistigen und Seelischen so selten gelingt? Sicher liegt das mit daran, dass wir das nie gelernt haben. Wenn wir mit uns selbst nicht zurechtkommen, wenden wir uns gleich an äußere „Autoritäten".

Würden wir Einkehr halten und zur Ruhe finden, könnten wir uns selbst helfen. Die Bibel sagt: „Wenn ihr umkehrt und stille würdet, so würde euch geholfen." Dieses Wort zeigt uns den Weg und rät uns, von außen nach innen umzuschalten.

Indem wir heute hauptsächlich nach außen orientiert sind, haben wir den Bezug zu unserem Inneren verloren und hören diese leise Stimme nicht mehr. Das ist natürlich all denen, deren Dienste wir bei Schwierigkeiten in Anspruch nehmen, nur recht.

Ärzte, Rechtsanwälte, Therapeuten und viele andere leben ja von unserer erlernten Hilflosigkeit. Wenn wir sie weniger oder gar nicht mehr brauchen würden, gerieten sie alle in Not.

Von der Geburt bis zum Tod wird normalerweise an uns verdient. Die meisten Krankheiten sind Zivilisationskrankheiten und werden durch eine falsche Lebensführung ausgelöst. Aber des Einen Leid ist des Anderen Freud und Verdienst. Ein Industriezweig, der horrende Summen damit verdient, ist die mächtige, man möchte fast sagen, allmächtige Pharmaindustrie. Sie hat überhaupt keinerlei Interesse daran, dass die Patienten sich selbst helfen. Das wäre der größte Verlust für sie.

Obwohl unser „Gesundheitssystem" schwer erkrankt ist, werden nach wie vor von den Kassen gefährliche, teure Medikamente und Krankenhausaufenthalte mit Riesensummen bezahlt, während preiswerte und heilsame Naturmittel nicht übernommen werden. Wir sehen, dass die Pharmaindustrie nicht bereit ist, Vernunft walten zu lassen. Es geht ihr nicht um den Patienten, sondern um ihr Monopol.

Aus diesen Gründen ist es notwendig, dass wir selbst die rechte Schaltung vornehmen und unsere Selbstheilungskräfte wieder in Anspruch nehmen. Es gilt, die Schaltung nach innen zu finden und all die Schätze zu mobilisieren, die der Schöpfer jedem von uns verlieh. Wissen wir doch um die oft katastrophalen Nebenwirkungen der chemischen Bomben, die für etwa 75 Prozent aller Krankheiten verantwortlich sind. Sie helfen zwar im

Moment, die Symptome zu mildern, zerstören aber auf Dauer unsere Gesundheit.

Wie ich schon in der Einleitung schrieb, habe ich diese Gedanken nicht nur gehört oder gelesen, sondern am eigenen Leib erfahren. Nach Auskunft der Schulmediziner wurden mir keinerlei Chancen für die Heilung meiner „unheilbaren" Krankheit eingeräumt. Deshalb versuchte ich, meine Selbstheilungskräfte in Anspruch zu nehmen. Dabei merkte ich, dass mir besonders meine alten Yogaübungen gut taten.

Zusätzlich wendete ich immer mehr LST an, obwohl die Medikamente meine Stimme schädigten und meine gesamte Kondition untergruben. Nach einiger Zeit gelang es mir aber, auf alle Arzneien zu verzichten.

So kann ich aus eigenem Erleben nur jedem raten, sich nicht allein auf schulmedizinischen Rat, der wohl bisweilen als Übergang notwendig ist, zu verlassen, sondern gleichzeitig die großen Selbstheilungskräfte zu mobilisieren.

Schönheitsmittel

Heute wird viel Geld für Schönheit und Verjüngung ausgegeben. Die wirksamsten Mittel für unsere Wunscherfüllungen liegen aber auch hier in uns. Zwar können wir manche „Masken" käuflich erwerben, doch echte Schönheit und gesunde Verjüngung gibt es nur in unserem inneren „Laden". Der Preis dafür ist die Arbeit an uns selbst und eine gesunde Lebensführung. Nur auf diese Weise können wir Schönheit und Vitalität bis ins höchste Alter verkörpern. Allerdings wollen das viele nicht einsehen und scheuen den Einsatz. Davon profitieren Pharmaindustrie, Schönheitschirurgen und manch andere Beschäftigungszweige.

In der Jugend wird uns Schönheit geschenkt oder, besser gesagt, geliehen. Im Alter haben wir das Aussehen, das unsere Lebensarbeit und unseren Charakter widerspiegelt. Das Innere wird offenbar. Hermes Trismegistos schrieb schon vor Jahrtausenden: „Wie innen, so außen."

Der Schein beherrscht heute unser Leben und versucht, das wahre Sein zu ersetzen. Aber so, wie der Schnee schmelzen muss, wenn die Sonne scheint, so offenbart sich unser Sein, wenn die Wahrheit ans Tageslicht kommt.

LST hilft, negative Gedanken und Gefühle, die wie Gift wirken, auszuscheiden und positive Einstellungen zu entfalten. So können wir uns allmählich vom Pessimisten zum Optimisten entwickeln. Wir verlieren dabei Ängste, die uns quälen, und tauschen sie gegen Freude und Liebe ein.

Viele identifizieren sich zu sehr mit ihren Gedanken und Gefühlen. Aber das ist falsch. LST ist eine Möglichkeit, in diesem Bereich Veränderungen vorzunehmen. Lachen, Singen und Tanzen lösen Heiterkeit, Freude und andere gute Eigenschaften aus. Das tut uns und unseren Mitmenschen gut.

In der Jugend sind wir körperlich und geistig noch sehr beweglich, glauben aber, dass uns das Alter starr und unbeweglich macht. Dem können wir jedoch entgegenwirken. LST erhält uns körperlich und geistig flexibel und kann uns eine neue Jugend schenken. Auf diese Weise ist es möglich, die Reife des Alters mit der Vitalität der Jugend zu verbinden. Wir haben schon greisenhafte 20-Jährige gesehen und auf der anderen Seite begegneten uns auch Menschen in hohem Alter, die unternehmungslustig und jugendlich wirkten. Wer ein sinnvolles Ziel hat und dieses unaufhaltsam verfolgt, dem werden stets neue Kräfte gegeben.

LST kann uns immer wieder Auftrieb verleihen und uns somit eine gewisse Schönheit und Jugend bewahren. Diese bedürfen keiner äußeren Schminke, da die inneren Quellen unaufhörlich sprudeln.

Vom Haben zum *Sein*

Der Überfluss unserer industriellen Konsumgesellschaft ver-
leitet dazu, das Glück im Haben statt im Sein zu sehen. Jeder
von uns ist sicher schon einmal dieser Versuchung erlegen.
Aber irgendwann wurde den meisten doch klar, dass man Glück
weder besitzen noch kaufen kann. Unser Ego und die Werbung
wollen uns das zwar immer wieder einreden, aber unser höheres
Selbst lässt uns deutlich spüren, dass wir dabei einer Täuschung
erliegen.

Im Kaufrausch sind wir wie betrunken und völlig unzurech-
nungsfähig. Kommen wir jedoch zur Ruhe, leuchtet uns ein,
dass wir uns auf dem Holzweg befinden. Wir erleben, dass uns
erfüllte Wünsche nicht glücklicher machen, sondern oft noch
unzufriedener, da wir schon wieder auf der Jagd nach neuen
Dingen sind.

Wilhelm Busch warnte: „Erfüllte Wünsche kriegen Junge, viele
wie die Säue." Unser gieriges Haben-Wollen lässt uns niemals
zur Ruhe kommen. Ständig plagt uns das Wunschdenken und
peilt immer neue Besitzobjekte an.

Ich kenne diesen Teufelkreis oder, besser gesagt, diese Teu-
felsspirale, die uns nach unten zieht, aus eigener Erfahrung.

Nie fand ich im Haben das Glück, das ich suchte. Rastlosigkeit machte mich krank und entfernte mich vom eigentlichen Ziel.

In der Schule hörten wir von Diogenes, der in seiner Tonne saß, seinem einzigen Besitz. König Alexander wollte dem „armen Mann" eine Freude bereiten und versprach, ihm einen Wunsch zu erfüllen. Diogenes aber erkannte klar, dass der nimmersatte König und Feldherr mit all seinen Eroberungen nicht das Gesuchte erreicht hatte. Deshalb äußerte er nur: „Geh mir aus der Sonne." Er wusste, dass aller äußere Besitz nicht an den inneren Reichtum herankommen kann.

Der Leitspruch der modernen Gesellschaft ist: „Hast du was, so bist du was." Solange wir den Wert des Seins schätzen, ohne den Besitz zu überschätzen, können wir in Ruhe auch alles genießen. Allerdings dürfen wir nie vergessen, dass jeglicher Besitz vergänglich ist, während das Sein am Ewigen, Unvergänglichen Teil hat.

Ich habe lange Jahre Bücher gehortet, um viel Wissen zu sammeln. Viele davon haben mir allerdings nicht nur etwas ermöglicht, sondern in jeder Hinsicht auch viel Raum genommen. Alle Bücher zusammen gaben mir jedoch nicht das Bewusstsein, die Gestimmtheit und das Glück, das mir im Laufe der Zeit LST ermöglichte. Zwar bauten mir manche Bücher auch Brücken vom Haben zum Sein, aber LST befreite mich zunehmend aus den Klauen des Besitzen-Wollens in die Unbeschwertheit und Leichtigkeit des Seins.

LST lehrte mich, Unnötiges loszulassen und die Freiheit zu genießen, die das Haben-Wollen raubt. Wir sind uns heute des inneren Reichtums des Seins leider nicht bewusst. Der große Dichter Novalis schrieb dazu: „In uns oder nirgends ist die Ewigkeit mit ihren Welten."

Selbstständigkeit

Ich traf bisher nur wenige Menschen, die wirklich selbstständig waren. Die meisten lassen sich von den Meinungen anderer beeinflussen und haben nicht den Mut, ihr eigenes Leben zu führen.

Tschuang Tse schrieb: „Wes' Verstehen um die Dinge recht ist, für den gibt es kein inneres Schwanken und kein äußeres Beeinflusstwerden." Freilich ist es oft ein langer Weg, um solch eine Selbstständigkeit und Unabhängigkeit zu erreichen. Die meisten besitzen diese innere Festigkeit noch nicht. Sie schwanken hin und her und erliegen auf diese Weise allzu leicht äußeren, irreführenden Einflüssen.

Viele verlassen sich auf ihr großes Wissen, das sie sich mit den Jahren aneigneten. Aber das Wissen allein befähigt noch lange nicht, selbstständig zu denken und zu handeln. Entscheidend sind die eigenen Erfahrungen. Nur sie ermöglichen den Weg zur Selbstständigkeit.

LST kann uns in der Wissenswüste, die wir heute durchwandern, die Oasen der Erfahrungen erleben lassen. Dazu ist kaum Wissen nötig, denn hier geht es ums Tun. Wissen gibt uns lediglich

Informationen, während eigenständiges Handeln Transformation ermöglicht.

Wer z. B. etwas über die Liebe gelesen hat, ohne sie je erfahren zu haben, dem fehlt das Wesentliche. Wer sie aber selbst erlebt hat, braucht keine Belehrungen mehr. Schon Buddha hat gesagt, dass Erfahrungen entscheidend sind. Sie führten ihn zur Erleuchtung. Wir hingegen pflastern unseren Lebensweg gewöhnlich mit Worten und Erlebnissen anderer. Die Lehrer unterstützten uns nicht auf dem Weg zur Selbstständigkeit. Vielmehr fütterten sie uns mit den Weisheiten fremder Menschen. Das wirkt sich ähnlich aus, als wenn wir das Essen immer nur betrachten, ohne es selbst zu genießen. Auf diese Weise bleiben wir stets hungrig.

LST lehrt uns nicht nur, Wissen zu sammeln, sondern zu handeln und eigene Erfahrungen zu machen. Das ermöglicht Selbstständigkeit und Unabhängigkeit. Wir werden so allmählich fähig, unsere Originalität zu leben.

Selbstständigkeit fordert von uns, dass wir zu unserem Selbst stehen. Beim Lachen, Singen und Tanzen geht es darum, auf eigenen Beinen zu stehen, Fuß zu fassen und aus dieser stabilen und trotzdem flexiblen Haltung heraus zu agieren. Ohne dieses Standvermögen ist nichts möglich. Es ist die notwendige Voraussetzung für alle Handlungen. Nur so können wir unser Leben kraftvoll meistern.

Der kürzeste, aber auch eindrucksvollste Aphorismus, den ich einmal las, hieß: „Spring!" Im Leben wie bei LST geht es stets um den Absprung. Das bedarf einer sicheren Grundlage und eines mutigen Sich-Lösens. LST hat mir geholfen, selbstständiger zu werden. Ich wünsche Ihnen, dass Sie ähnliche Erfahrungen machen und damit die „Krankheit" der Abhängigkeit von Menschen und Dingen immer mehr überwinden können.

Impuls zu Veränderungen

Noch vor wenigen Jahrzehnten waren die Psychologen der Ansicht, dass der Mensch sich nicht ändern könne. Heute ist das längst widerlegt. Wenn wir das einmal begriffen haben und entsprechend handeln, können wir das verlorene Paradies bereits auf Erden finden.

Während wir oft genug die landläufige Meinung gehört haben, dass keiner aus seiner Haut heraus könne, hat uns schon Goethe geraten, immer wieder die alte Haut abzustreifen und dadurch zu wachsen. Auch in der Tier- und Pflanzenwelt entwickelt sich alles weiter und wächst ständig.

Lange glaubte man, dass wir durch die Gene festgelegt, ja festgenagelt seien. Inzwischen ist es eindeutig nachgewiesen, dass wir sie beeinflussen und verändern können. Das bedeutet natürlich eine „Kampfansage" an alle Faulenzer, die sich auf ihren Geburtsanlagen ausruhen wollen und tausend Ausreden für ihre Bequemlichkeit finden. Sie verteidigen sich und sagen: „Ich bin halt so!"

Es ist natürlich klar, dass jede Änderung der Einstellungen und Gewohnheiten erhebliche Anstrengungen erfordert. Diese Aufgabe aber scheuen viele, oder sie geben nach einiger Zeit auf. Es ist ungeheuer schwer, sich zu ändern und wird nur durch Beharrlichkeit und Ausdauer gelingen.

Zunächst einmal ist eine klare Einsicht nötig. Dann muss ununterbrochenes Handeln folgen. Die damit verbundene Arbeit mag den Anfänger abschrecken. Für diejenigen aber, die mittendrin sind, wird alles allmählich zum genussvollen Abenteuer. Sie betrachten diese Herausforderungen als Wachstumsmöglichkeiten.

Für viele ist es schwer, den rechten Dreh für den Anfang zu finden. Vor lauter Vorbereitung und Wissensanhäufung kommen sie nicht zum Anpacken. Wer das Leben als ewige Generalprobe betrachtet, versäumt es. So mancher stellt das am Ende seiner Jahre fest und bedauert es dann vergeblich.

Mit LST können wir täglich den Sprung ins Leben vollziehen. Er verschafft uns im Alltag einen Vorsprung. Mit einem langen, tiefen Atem und einer heiteren, gelösten Stimmung lassen sich die täglichen Schwierigkeiten leichter bewältigen als mit künstlichen Aufputschmitteln, die uns täuschen und schwächen und uns schließlich die Gesundheit rauben.

Die Götter östlicher Religionen werden lachend, singend und tanzend dargestellt. Welch wunderbare Vorstellung! In Schuberts „Winterreise" heißt es im Lied „Mut": „Sind wir selber Götter!" Mit unserer täglichen Dosis LST schreiten wir wie Götter durch den Alltag. Da uns diese „Droge" verändert, verändert sich auch die Umwelt und lacht uns entgegen. K. O. Schmidt schreibt so schön: „Wenn sich unser Verhalten ändert, ändern sich auch unsere Verhältnisse." Im Volksmund heißt es: „Wie man in den Wald hineinruft, so schallt es wieder heraus." Die moderne Wissenschaft lehrt uns in Übereinstimmung mit allen Religionen, dass alles, was wir denken und tun, wieder zu uns zurückkommt. Jeder Landwirt weiß um die alte Bibelweisheit, dass wir immer das ernten, was wir säen.

Es lohnt sich also, aus der alten Haut herauszuschlüpfen, wenn das „Kleid" nutzlos und zu eng geworden ist, und geistig ein neues Kleid, ein neues Bewusstsein anzulegen. Lassen wir uns noch einmal von dem weisen Dichter und Lebenskünstler Goethe einen Ratschlag erteilen: „... und bevor du das nicht hast, dieses Stirb und Werde, bist du nur ein trüber Gast hier auf dieser Erde."

Widerstandskraft erfahren

Jede Kraft entsteht durch Widerstand. Das ist uns viel zu wenig bewusst, denn sonst würden wir unseren Schwierigkeiten nicht aus dem Weg gehen, sondern sie vielmehr als Herausforderungen begrüßen und nutzen.

Trainingsgeräte, wie z. B. Expander oder Impander, stärken die Kraft der Muskeln, indem sie ihnen Widerstand entgegensetzen. Je stärker dieser ist, umso größer ist die Entwicklung der Kraft. Auf einem Boden, der nachgibt, können wir keine Liegestützen üben. Er gibt uns kein „Kontra". Dieses Phänomen ist überall zu beobachten. Das Wasser bietet Widerstand für Schwimmbewegungen. Der Luftwiderstand ermöglicht den Vögeln und Flugzeugen zu fliegen. Nur auf befestigten Straßen können wir schnell und sicher mit dem Auto vorwärtskommen.

Dieses Wissen ermöglicht es uns, jeden Widerstand als Freund und Förderer willkommen zu heißen. Betrachten wir herausragende Persönlichkeiten in Vergangenheit und Gegenwart, so fällt uns immer wieder auf, dass das Leben sie mit vielen Hindernissen „beschenkte". Auf der anderen Seite lehren uns so manche Schicksale, dass ein leichtes Leben nur selten wertvolle Früchte hervorbringt.

Man fragte einmal einen überaus erfolgreichen Mann am Ende seines Lebens, was er als das Wichtigste seiner Laufbahn ansah. Er antwortete: „Es waren die Schwierigkeiten, denn sie haben mich zu dem gemacht, was ich heute bin."

Wir können das Leben auch als einen Hürdenlauf betrachten. Viele trachten danach, den Hindernissen auszuweichen. Aber das schwächt sie nur. Wer die Hürden begrüßt und sie überwindet, gewinnt an Einsicht und Kraft. Welche Widerstände musste der Bergsteiger Reinhold Messner überwinden, als er sich vornahm, all die Riesen des Himalaya zu bezwingen! Wer diesen Mann einmal bei Vorträgen erlebt hat, wird die ungeheure körperliche und geistige Kraft gespürt haben, die er aus der Überwindung von Widerständen gewann.

Es gibt heute natürlich tausend Möglichkeiten, ein bequemes und relativ ungefährliches Leben zu führen, denn die Maschinen nehmen uns Anstrengungen ab. Die Folgen davon sind unter anderem körperliche und geistig-seelische Krankheiten. Sagt uns doch der Volksmund schon immer: „Wer rastet, der rostet."

Die Statistik weist nach, dass die gesündesten und ältesten Menschen diejenigen sind, die wenig essen und viel arbeiten. Auch hier wird uns wieder der Segen des Widerstands bewusst. Im Krieg, als größte Not und Armut herrschten, waren die Menschen gesünder als in unserer Wohlstandsgesellschaft, in der die Gefahr der Überernährung und Verweichlichung besteht.

LST kann uns auf spielerische Art und Weise beibringen, an Widerständen zu wachsen und so Energien aufzubauen. Beim Lachen weiten wir den Körper. Das Zwerchfell wird kraftvoll nach unten gedrückt. Sollten wir gerade in mieser Stimmung sein, so lächeln wir trotzdem ganz bewusst.

Auch mit dem Singen können wir unsere Kraft erproben. Das italienische Wort „appoggio" bezeichnet diesen Widerstand, den der Ton benötigt. Wir lehnen uns in den Kopf, in die Senkrechte, und wir lehnen uns in die Brust, in die Waagerechte. So kann sich die Stimme entfalten und die Resonanz verstärken. Ohne diese Vorstellungen und Empfindungen verpufft der Ton im Leeren.

Im Tanzen begegnen wir ebenfalls dem Widerstand. Der feste Boden unter unseren Füßen erlaubt uns, dass wir hüpfen und uns sicher drehen können.

Alle drei „Disziplinen" lehren uns also, Widerständen zu begegnen, Herausforderungen anzunehmen, zu überwinden und an ihnen zu wachsen. Schon ein Leben lang begleitet mich das Wort Nietzsches hilfreich: „Was mich nicht umbringt, stärkt mich."

Stärkung unserer *Wurzeln*

Ich las einmal eine Geschichte, in der eine Frau verzweifelt die Blätter ihres Lieblingsbaumes polierte. Kinder beobachteten den Vorgang und lachten. Schließlich ging ein Junge auf die Frau zu und kam mit ihr ins Gespräch. Nach einiger Zeit fragte er sie, ob sie den Baum genügend gegossen hätte. Sie meinte, dass sie sich erst einmal um die herabhängenden Blätter kümmern wolle. Der Junge sagte seinen Kameraden, sie sollten eine große Kanne Wasser holen. Dann goss er den ganzen Inhalt an die Wurzeln des Baumes. Nach einiger Zeit richteten sich die Blätter langsam auf, und die Frau war überglücklich.

Der Leser wird sagen: „Wie dumm war die Frau, das hätte sie doch wissen müssen!" An diesem Beispiel sehen wir sofort ein, was zu tun ist. Aber denselben Fehler machen die meisten von uns bei vielen anderen Gelegenheiten.

Fühlen wir uns krank und matt wie die Blätter des Baumes, laufen wir schnell zum Arzt, und der soll uns wieder „aufpolieren". Wir fragen kaum, was denn die Ursache für unsere Krankheit sei. Wir wünschen lediglich, dass an den Symptomen herumgeputzt wird. Viele Patienten wechseln den Arzt, wenn er sie auf die Ursachen ihrer Krankheit hinweisen und an die Wurzeln gehen will. In diesem Falle müssten sie ja etwas in ihrem Leben ändern. Das aber wollen sie nicht.

Auch wenn sie eines Tages an schweren Krankheiten leiden, suchen die meisten noch Hilfe an der Oberfläche, ohne daran zu denken, sich selbst und die Lebensführung zu ändern. Viele Raucher lassen sich lieber beide Beine amputieren, statt mit ihrer Sucht aufzuhören. Wir sind zwar bereit, alles zu ändern, nur nicht uns selbst.

Nur wenige haben den Mut und das Durchhaltevermögen, an den Wurzeln anzugreifen und die eigentlichen Ursachen zu beseitigen. Überall floriert Symptomkosmetik und Oberflächenputz, wie es die Geschichte der Frau mit dem „durstigen" Baum zeigt.

Bei anderen sehen wir das Übel meist ganz klar. Bei uns selbst aber kommt die Einsicht oft recht spät oder gar zu spät. Das können wir nicht nur im privaten Bereich beobachten. Politikern z. B. geht es bis zur obersten Spitze hinauf um ihre Partei, um die nächste Wiederwahl. Auf solche Art und Weise gerät dann der gesamte Staatshaushalt aus allen Fugen, und die Bürger bekommen am Ende die Rechnung, die kaum mehr zu bezahlen ist.

Rainer Maria Rilke rät uns, „sich aufzuheben wie ein Baum". In der Tat ist der Baum ein kraftvolles Symbol, das uns Entscheidendes zu lehren vermag. Auch wir benötigen für ein erfülltes und erfolgreiches Leben einen harmonischen Dreiklang von Wurzel, Stamm und Krone.

Wer keine starke Wurzel besitzt, wird den Stürmen des Lebens nicht standhalten können. Ohne Wurzel kann der Baum keine Nahrung aus der Erde aufnehmen. Ebenso brauchen wir unbedingt eine Erdung und darüber einen kräftigen Stamm, den unser Oberkörper darstellt. Und schließlich richten wir uns mit unserem Kronenchakra zum Himmel auf, um von dort Sonnenlicht aufzunehmen.

Die östliche Energiemedizin erkennt im Menschen drei große Energiebereiche. Sie werden Dantiens genannt. Das untere Dantien entspricht der Wurzel, das mittlere dem Stamm und das obere der Krone. Neben dieser Grobeinteilung gibt es noch sieben Hauptchakren (auch das sind Energiebereiche) und diverse Nebenchakren.

Das Fundament bildet das Wurzelchakra. Ist dieses nicht gut entfaltet, so können sich auch die oberen Energieräder nicht optimal entwickeln. In diesem Falle nehmen wir zu wenig kosmische Energie auf und bleiben schwach. In der heutigen Zeit verfügt nicht jeder über ein starkes funktionstüchtiges Wurzelchakra. Die Ängste, die uns beherrschen, sind die Hauptursache für die Schwächung dieses zentralen Energiebereichs. Viele Menschen haben in der Jugend nicht die Zuwendung erhalten, die dieses Chakra aufgebaut hätte. So besitzen sie nicht die Stabilität, die im Alltag gefordert wird.

Lachen, Singen und Tanzen sind nach meiner langjährigen Erfahrung wunderbare Mittel, um das zentrale Wurzelchakra aufzubauen und zu stärken. Zu diesem Energiebereich gehört nicht nur die Beckenregion, sondern auch die Beine und Füße. Bei LST bewegen wir uns frei. Wir laufen und springen, das Zwerchfell hebt und senkt sich. Während unsere oft sitzende Tätigkeit die untere Hälfte erlahmen lässt, tritt sie hier voll in Aktion. Wir erden uns, nehmen die Kraft der Erde auf und leiten sie nach oben. Wenn wir beim Lachen, Singen und Tanzen die Hüften kreisen lassen, so werfen wir auch horizontal den Motor des Wurzelzentrums an und tanken Energie.

Viele fassen dieses Zentrum nur für die Sexualität ins Auge. Ein gesunder Umgang mit ihr ist natürlich stärkend für diesen Bereich. Aber das ist nicht die einzige Möglichkeit, uns unserer Wurzel bewusst zu werden und sie zu nähren. Auch viele Sportarten lassen uns eine Stärkung dieses Chakras erfahren, wie z.B. Radfahren oder Joggen.

Immer mehr Menschen klagen heute über Verdauungsprobleme. Natürlich gibt es Tabletten dagegen. Aber auf Dauer verschlimmern diese nur noch diese Beschwerden. Ein starkes Wurzelzentrum reguliert die Ausscheidung ganz natürlich. So löst dieser Energiebereich eine positive Kettenreaktion aus, und wir können uns so manchen Gang zum Arzt sparen.

Ist es nicht merkwürdig, dass wir zum Mond fliegen und dabei oft keine Ahnung vom eigenen Körper und seinen Energiequellen haben? Unser Körper ist ein Universum in Kleinformat. Es lohnt sich in jedem Falle, sich mit ihm zu beschäftigen. Wir werden

Wundervolles dabei entdecken und immer bewusster unsere Selbstheilungskräfte nutzen.

Durch LST verlieren wir nicht den Boden unter den Füßen. Lachen, Singen und Tanzen gehen an die Wurzeln, stellen uns auf die Beine und geben uns ein Gefühl für das Wurzelzentrum. So werden alle unsere Gedanken, Gefühle und Handlungen positiv beeinflusst.

Unser Schwerpunkt ist heute allgemein nach oben gerutscht. Von dort aus ist zwar manche Akrobatik möglich, doch ohne Fundament, ohne Wurzeln können wir letztlich nicht existieren. Lernen wir also aus der Geschichte mit der Frau, Energie in unsere Wurzeln zu gießen. LST bahnt uns den Weg dorthin.

3.

Anleitungen

Anleitung zum Lachen

Ein berühmter Zenmeister begann eines Tages zu lachen und hörte bis zu seinem Tode nicht mehr auf damit. Als ihn seine Zeitgenossen fragten, warum er ständig laut lache, antwortete er: „Ich lache, weil ich all das, was ich ein Leben lang im Äußeren suchte, in mir selbst fand. Ich war solch ein Idiot, dass ich immer außerhalb gesucht habe, was in mir selbst war. Und wenn ich andere sehe, die genauso suchen, muss ich einfach lachen."

Gesunde Kinder lachen bei allen möglichen und unmöglichen Gelegenheiten. Bei uns Erwachsenen hat sich die „Prophezeiung" der Eltern und Lehrer leider oft erfüllt: „Dir wird das Lachen schon noch vergehen!" Glücklich, wer diesem Fluch entkommen konnte und trotz aller Schwierigkeiten das Lachen nicht verlernt hat.

Für alle, die sich dennoch schwer tun, es wieder zu lernen, habe ich hier einige Anregungen. Vorher möchte ich aber noch mit dem weit verbreiteten Vorurteil aufräumen, das besagt, dass man normalerweise nur lachen sollte, wenn ein triftiger Grund vorliegt. Wenn wir dieser Meinung folgen, berauben wir uns selbst großer Energiequellen, die uns überall und jederzeit zur Verfügung stehen.

Wir dürfen, ja sollten sogar grundlos lachen. Grundloses Lachen bereichert uns auf vielerlei Art und Weise. Lachen ist genauso wie das Singen eine Klangmassage, die uns ein gutes Körpergefühl und geistiges und psychisches Wohlbefinden schenkt. Was für das Auto der Ölwechsel und Kundendienst ist, ist das Lachen für unser Gesamtbefinden. Wir „überholen" damit unseren Lebensmotor.

Für alle, deren „Lachmotor" eingerostet ist, möchte ich einige Hinweise geben. Marlene Dietrich sang einst: „Ich bin von Kopf bis Fuß auf Liebe eingestellt." Stellen Sie sich bitte mit Ihrem ganzen Denken, mit Ihrem ganzen Körper von Kopf bis Fuß auf Lachen ein.

Wir dehnen und strecken uns und lassen das Lachen überall hinfließen bis in die Finger- und Zehenspitzen. Es überschwemmt den gesamten Organismus. Jede Zelle „badet" in dieser ausgelassenen Stimmung und regeneriert sich auf diese Weise. Neueste Forschungen haben ergeben, dass wir „intelligente Zellen" haben, die auf kleinste Impulse reagieren. So können wir den gesamten Körper in kurzer Zeit „umbauen".

Nehmen wir die „Lachsilbe" HA als Zündschlüssel, um den Lachmotor anzuwerfen. Wir können auch ein Lied wählen, das uns in eine frohe Stimmung versetzt und als Anlasser dient. Beides, Singen und Lachen, vertieft unsere sonst oft recht flache Atmung und „durchblutet" uns mit frischem Sauerstoff. Wenn wir niemanden stören, öffnen wir das Fenster und lassen frische Luft in unser „Lachlabor".

Nun senden wir das explodierende Lachen bewusst in einzelne Körperteile. Wir massieren damit die Füße, die uns den ganzen Tag tragen und überall hinbringen. Schmerzt ein Gelenk, so schicken wir da unser Lachen hin. Dann füllen wir den Bauch wie einen großen Ball mit diesem Lebenselixier. Wir weiten Herz und Lunge und erfüllen beide mit einem wohltuenden Lachen. Unseren Kopf lassen wir vor Freude beinahe explodieren. An allen Körperstellen werden Muskeln bewegt und gelöst. Diese Massagen wirken aber auch auf unsere geistigen und seelischen Muskeln und lassen alles gesunden.

Nach diesen wenigen Anleitungen steigen Sie am besten in Ihre eigenen Lachvorstellungen ein und toben sich dort gehörig aus. Werden Sie trunken vom Lachen, berauschen Sie sich daran und genießen Sie Ihre Ekstase!

Anleitung zum Singen

*Wer morgens beim Erwachen schmunzelt,
wenn's regnet, nicht die Stirne runzelt
und abends singt, dass alles schallt,
wird hundertzwanzig Jahre alt.*

Alter Hausspruch

Gesunde und fröhliche Kinder singen ganz von alleine. Wachsen sie in einer glücklichen Familie auf, in der auch die Eltern gerne singen und musizieren, werden sie ein Leben lang diese Gewohnheit beibehalten.

Ich erinnere mich genau an das Lied „Der Mond ist aufgegangen", das mir einmal Schwestern in einem Heim vorsangen. Es klingt heute noch nach Jahrzehnten wohltuend in meinem Herzen. Begeistert hörte ich als Junge die ersten Opern- und Operettenarien und sang sie bald nach. Drohte mich ein starkes Gefühl zu überwältigen, so konnte ich es mit Singen ausdrücken und mich auf diese Weise von ihm befreien. So blieb es mein ganzes Leben lang. Wenn mich etwas belastete, half mir stets das Singen, mich wieder aufzurichten. Allmählich lernte ich, mich „auf Flügeln des Gesanges" zu erheben.

Manche Krankheiten kommen daher, dass wir mit den vielen Eindrücken, die ständig auf uns einwirken, nicht fertig werden. Es geht uns dabei so, als würden wir dauernd essen und trinken, ohne ausscheiden zu können.

In früheren Zeiten, als es keine Radios und Fernseher gab, sangen die Menschen noch selbst. So kamen sie mit ihrer Arbeit munter voran. Heute werden wir ständig von Musikklängen überrollt, die aus Apparaten tönen. Viele trauen sich dann nicht mehr, selbst zu singen, wobei sie es manchmal viel besser könnten als so manche „Superstars". Oft raten uns auch Eltern und Erzieher ab, selbst zu singen, weil wir es angeblich nicht können. Doch das sind zerstörerische Suggestionen. Jeder kann auf seine Art und Weise singen und sollte es auch tun.

Ich möchte Ihnen an zwei Beispielen erzählen, wie die Menschheit beinahe um zwei große Tenöre gebracht worden wäre. Diese beiden Sänger waren jedoch immun gegen die falschen Einflüsterungen von „Experten".

Enrico Caruso war wohl der größte Tenor, den wir kennen. Sein Lehrer riet ihm dringend vom Singen ab und meinte: „Du singst, wie wenn der Wind durchs Fenster pfeift. Du hast keinerlei Talent." Caruso ließ sich davon nicht abhalten und sang schließlich wie kein anderer. Bis heute ist er unerreicht. Auch der große Richard Tauber erhielt am Anfang vernichtende Beurteilungen. Trotzdem wurde er der Tenor der 20er- und 30er-Jahre des letzten Jahrhunderts. Niemand hat ihm bis heute bestimmte

Lieder und Arien nachsingen können. Solche Berichte ließen sich endlos fortsetzen.

Mögen Ihnen diese Beispiele zum eigenen Singen Mut machen, auch wenn Eltern, Erzieher, Onkel und Tanten es Ihnen unbedingt ausreden wollten. Natürlich müssen Sie keine großen und ehrgeizigen Pläne schmieden. Es genügt, wenn Sie mit Freude für sich singen oder für Menschen, die Ihnen gerne zuhören.

Es gibt Naturstimmen, die singen, wie ihnen „der Schnabel gewachsen ist", und damit auf Anhieb auch Erfolg haben. Das sind jedoch Ausnahmen. Viele werden von Hemmungen geplagt und finden nicht zu einem freien Ausdruck. In diesem Kapitel möchte ich ein einfaches Bild entwerfen, das in großen Zügen ein freies Singen skizziert und jedem helfen kann, seine Stimme zu entfalten.

Carusos Technik wird noch heute als einmalig und unerreicht betrachtet. Diejenigen, die seine Aussprüche und Aufzeichnungen studieren, wundern sich immer wieder über die Einfachheit seiner Äußerungen über den Gesang. Er meinte, die meisten Menschen können deshalb nicht singen, weil sie ständig Angst haben, ihre Stimme kaputt zu machen. Nach seiner Erfahrung ist es wichtig, dass der Sänger ein großes Herz hat und Liebe empfindet. Außerdem sollte der Grund der Kehle, das Herz, geöffnet und der Ton „inhaliert" werden.

Mein Bild stützt sich hauptsächlich auf diese einfachen Aussagen. Im Zentrum befindet sich unser Herz, das wir mit einem horizontalen Kreis einrahmen und erweitern. Die östliche Energiemedizin spricht von drei Energiezentren, den drei Dantiens. Das Herz bildet dabei das mittlere Dantien. Das untere umfasst den Bauchraum bis zu den Füßen, das obere ist die Kopfregion. Der untere und obere Energiebereich kann von der Mitte aus leicht „begriffen" werden.

Wir können auch sagen, dass im Herzen die „Hochzeit" von Himmel (Kopf) und Erde (Bauch) gefeiert wird. Beide Pole werden hier zur Einheit. Gedanklich und gefühlsmäßig können wir die Füße und den Kopf im Herzen unterbringen. Diese Konzentration bildet den Anfang des Singens. Wir legen die Sprache mit ihren Konsonanten und Vokalen in diesen Herzkreis und verwandeln sie dort in einen AOM-Klang, der den ganzen Gesang prägt. Die Gesangspädagogen sprechen dabei vom „horizontalen" Singen. Caruso würde sagen, dass wir so die Kehle öffnen.

Nun entfalten wir diesen horizontalen Kreis und lassen ihn vertikal rotieren. Auf diese Weise rundet sich der Ton und wird zu einer Kugel. Den vertikalen Kreis lassen wir ein AMA singen. „Ama" heißt auf lateinisch „Liebe!". Aus unserem Herzen entströmt also Liebe. Mit AHA inhalieren wir Luft und Ton. Damit kommen wir der Forderung Carusos nach: „Inhalare la voce". Während sich die beiden Kreise weiter ausdehnen, fällt immer mehr Luft in uns ein. Zentrifugale und zentripedale Kräfte ergänzen sich. So findet ein ständiger konzentrischer „Angriff und Ausgriff" statt.

Das Bild mit den beiden Kreisen, die aus dem Herzen hervor-
gehen und es erweitern, befreit uns aus Enge und Angst und
schenkt uns einen großen, freien und runden Ton. Die Sprache,
die wir in den horizontalen Herzkreis legen, wird schließlich
klangvoll durch AOM, AMA und AHA verwandelt und ange-
reichert. Mit diesem einen Bild und den drei Silben können
Sie schon einen großartigen Ton hervorzaubern. Am Anfang
bedarf es einiger Übung, die Gedanken und Vorstellungen mit
dem Ton zu vereinen. Aber die Mühe wird mit der Zeit reiche
Früchte tragen.

Ich habe bisher zwei Bücher über das Singen geschrieben, die
von bedeutenden Sängern und Musikern als Wegweiser bezeichnet wurden. In diesem Kapitel habe ich alles noch einmal
vereinfacht.

Nun möchte ich Ihnen Mut machen, frei zu experimentieren.
Die Freude an der Tonentwicklung möge Ihr Begleiter sein. Nach
einiger Zeit werden Sie begeistert feststellen, dass Stimment-
faltung und Persönlichkeitsentwicklung Hand in Hand gehen.

Anleitung zum Tanzen

Sudoku wird heute als Gehirntraining praktiziert. Man darf aber nicht erwarten, dass dabei ein Transfer in einen anderen Hirnbereich stattfindet. Deshalb mein spezieller Tipp fürs Hirntraining, der zunächst einmal überraschend klingen mag: Tanzen. Es hat gleich mehrere positive Effekte. Es fördert soziale Kontakte, Einfühlungsvermögen, die Rechts-Links-Koordination und räumliches Vorstellungsvermögen. Außerdem bereitet es Freude. Das Hirn lernt am besten, wenn man Freude hat.

(Dr. Eckart von Hirschhausen: „Die Leber wächst mit ihren Aufgaben")

Meine Anmerkungen zum Tanzen sind für niemanden verbindlich. Sie wollen keinesfalls einschränken, sondern vielmehr befreien. Tanzen Sie also nach Herzenslust, so wie Ihnen gerade zumute ist. Betrachten Sie meine Vorschläge lediglich als hilfreiche Impulse für den Anfang, falls Sie etwas ratlos sind, wie sie starten und vorgehen wollen.

In Ihrer Tanzstunde, die Sie vielleicht irgendwann einmal absolvierten, mussten Sie stets darauf bedacht sein, jeden Schritt richtig zu machen. Das wirkte sich anfangs möglicherweise hemmend auf Ihren Bewegungsdrang aus, lohnte sich aber auf lange Sicht.

Beim Tanzen, wie ich es mir denke, können Sie nichts falsch machen. Sie haben absolute Freiheit. Es gibt keine Kritiken und Korrekturen und schon gar keine Noten. Sie sind alleine und geben sich einfach der Musik hin. Zu welchen Figuren es Sie von innen heraus drängt, ist für Sie stimmig, und mag es noch so verrückt scheinen. Alles ist erlaubt, alles ist richtig!

Wir leiden heute alle darunter, genormt zu agieren und zu reagieren. Viel zu viel unterliegt einer strengen Regelung von außen. Unser Inneres ist nicht gefragt. Es hat einfach zu funktionieren. Freilich sind im Zusammenleben gewisse Regeln unbedingt erforderlich. Aber jetzt sind Sie allein und genießen Ihre Bewegungsfreiheit.

Legen Sie die Musik auf, die Ihnen am Herzen liegt. Sie müssen niemand anderem gefallen. Ich tanze seit Jahren zu den Schlagern von Tony Christie, die mich begeistern und zu meinen Bewegungen animieren. Vielleicht springen Sie zu Beginn einfach einmal in ihre Lieblingsmusik hinein wie in ein Meer. Der Anfang wäre somit gemacht.

Ich drehe mich gerne im Kreise. Solches Drehen erfüllt die Energieräder mit neuer Kraft. Unsere leere Batterie kann sich dadurch wieder auffüllen. Gut tut mir auch, immer wieder hochzuspringen. Das schenkt mir ein Gefühl von Freiheit. Das ist aber kein festes und verbindliches Programm. Ich folge einfach meinem Bewegungsdrang, der sich ganz spontan meldet.

Vielleicht gefällt Ihnen der eine oder andere Vorschlag von mir. Probieren Sie es aus und gehen dann ganz in Ihre eigene Tanzkomposition. Sie allein sind Ihr Regisseur und Choreograph. Niemand hat Ihnen etwas zu sagen.

Wenn Sie diese Ekstase einmal richtig erlebt haben, werden Sie immer wieder „rückfällig" werden und aus dieser Gewohnheit Freude und Gesundheit schöpfen. Ihren Arzt und Apotheker müssen Sie nicht nach schädlichen Nebenwirkungen fragen. Es gibt nämlich keine.

Weitere Möglichkeiten, körpereigene Drogen zu bilden

Goethe meinte: „Eines schickt sich nicht für alle..." Wir können diese Wahrheit im Alltag immer wieder bestätigt finden. So ist es naheliegend, dass nicht alle ihr Herz an LST hängen wollen, sondern andere Wege suchen. Alle Sportarten haben ihre begeisterten Anhänger und bieten ihren „Kunden" die Chance, irgendwie „high" zu werden. Ich praktiziere neben LST und Yoga auch Kungfu. Joggen und Schwimmen sind ebenfalls eine Leidenschaft von mir. Je mehr man investiert, umso größer sind die Chancen für das Wohlbefinden und die Gesundheit.

Im Grunde schütten alle Tätigkeiten, die wir mit Freude verrichten, Endorphine aus, während uns alles, was unter Druck und Stress geschieht, vergiftet. Der besondere Vorteil von LST ist, dass wir mit wenigen Minuten Lachen, Singen und Tanzen eine schnelle und wohltuende Wirkung auslösen können.

Ich empfehle Ihnen, Verschiedenes auszuprobieren und nachzuspüren, was Ihnen am besten bekommt und am meisten bringt. Betrachten Sie sich als die wichtigste Autorität in Ihrem Leben. Wir sollten zwar stets offen für Neues sein, aber wir müssen auch alles prüfen. Keinesfalls dürfen wir das Steuer unseres

Lebens aus der Hand geben und uns als Beifahrer begnügen. Das wird uns in der heutigen Zeit zwar immer wieder von allen Seiten geraten, kommt aber einem Verrat an uns selbst gleich.

Christian Morgenstern sagte einmal richtig: „Wer sich selbst treu bleiben will, kann nicht immer anderen treu sein." Es geht ihm dabei nicht darum, der Willkür Tür und Tor zu öffnen, sondern vielmehr um Selbstbestimmung und Selbstverantwortung. Das große Ja zu unserer Berufung erfordert immer wieder, dass wir auch den Mut aufbringen, zu dem Nein zu sagen, was für uns nicht stimmig ist.

Hier möchte ich Ihnen noch einige andere Vorschläge aufzeigen, wie es Ihnen gelingen kann, Ihr Wohlbefinden zu steigern.

Sie können z. B. joggen oder wandern. Die Natur bietet mit ihren herrlichen Farben und Formen eine Quelle der Freude, die Botenstoffe auslöst. Ein Dichter nannte die Natur einmal „das Gewand Gottes". Das ist eine wunderschöne Beschreibung. Manche hören beim Joggen Musik und lassen sich dadurch auch noch akustisch beflügeln. Beobachtet man diese Jogger, wirken sie meistens „high". Die Botenstoffe beglücken sie sichtlich. Ebenso haben mentale „Urlaubsfahrten" in unsere Lieblingsgegenden positive Wirkungen.

Diese und andere Gipfelerlebnisse, die uns über den Alltagskram erheben, können wir auch in grauen Zeiten immer wieder abrufen, visualisieren, emotionalisieren und schließlich realisieren.

Unsere Vorstellung kann dasselbe auslösen wie ein echtes Erlebnis. Sie schafft Realitäten, wenn wir sie nur intensivieren.

Wenn wir das alles trainieren, können wir durch die bildhaften Vorstellungen auch im Alltag Urlaub machen. Leider verblasst in der heutigen Zeit die Vorstellungsgabe, da wir durch den Fernseher stets fertige Bilder empfangen, welche die eigene Produktion enorm abschwächen.

Eine „musikalische Hausapotheke", in der wir für jede Stimmung eine passende Musik finden, ist eine gute Einrichtung zur Produktion von Glückshormonen. Musik vermag uns umzustimmen und aus einem Tief in ein Hoch zu befreien. Hermann Hesse berichtete, dass er alles, was er suchte, nur in der Musik gefunden habe. Pablo Casals, der große Cellist, meinte, ohne Musik wäre er wahnsinnig geworden.

In den einzelnen Lebensabschnitten wählen wir natürlich ganz verschiedene Musik. In der Jugend sagte mir z. B. die Musik von Johann Sebastian Bach nichts. Heute vermag sie vieles in Ordnung zu bringen, was bei mir durcheinandergeraten ist.

Leonard Bernstein sagte, dass es für ihn keinen Unterschied zwischen klassischer und Unterhaltungsmusik gebe. Alles sei für ihn „ernste Musik", denn was von Herzen kommt, geht auch wieder zu Herzen. Im Zeitalter der CDs ist es ein Leichtes, die Musik zu finden, die uns erbauen und trösten kann.

Vom Osten haben wir in den letzten Jahrzehnten viel Wertvolles übernommen, was für unsere Gesundheit von großer Bedeutung ist. Die Chinesische und Ayurvedische Medizin Indiens sind Heilsysteme, die über 5000 Jahre alt sind und uns Wertvolles und Erprobtes geben können.

Yoga ist z. B. eine Disziplin, die Körper, Geist und Seele harmonisiert. Die einzelnen Übungen lösen ebenfalls Botenstoffe aus, und nach einer Yogastunde können wir uns wie neugeboren fühlen. Es kommt nicht darauf an, dass wir die schwersten Verrenkungen machen. Einige wenige leichte Asanas (Stellungen) bewirken schon viel.

Bandscheibenvorfälle und andere Wirbelsäulenschäden können durch diese Übungen vermieden oder sogar geheilt werden. Die einzelnen Yoga-Stellungen drücken auf bestimmte Organe, die massiert und durchblutet werden. Eine flache Atmung wird dadurch vertieft. Außerdem werden wir zur Bauchatmung gezwungen. Yoga war für mich mein ganzes Leben lang so etwas wie ein Schutzengel.

Auch Meditation ist ein gutes Mittel für die Gesundheit. In früheren und ruhigeren Zeiten waren die Menschen viel meditativer, ohne dass sie dieses Wort kannten. Wenn der Körper im Gleichgewicht ist, so schaltet er von ganz alleine auf Ruhe und Erholung um. Dadurch kommen Geist und Seele automatisch in eine Art meditative Haltung. Diese Umschaltung gelingt uns in unserer stressgeplagten Zeit kaum noch.

Heute müssen wir uns ganz bewusst aus der Alltagstretmühle herausnehmen, einen ruhigen Ort aufsuchen und Meditation üben. Um den Geist zu beruhigen, ist es gut, sich auf ein Objekt zu konzentrieren. Wir können immer nur einen Gedanken exakt fassen, uns nur ein Bild vorstellen. Dieses Bild führt uns mit der Zeit in die Mitte. Allmählich entdecken wir unsere inneren Reichtümer, gegen die alles Äußere an Wert verliert.

Alle Religionen weisen uns darauf hin, in unseren inneren Tempel Einzug zu halten und dort heimisch zu werden. Der Spruch Christi „Das Himmelreich ist inwendig in euch" ist ein Wegweiser für unsere Meditation. Während dieser werden unsere Gehirnwellen von Beta nach Alpha heruntergeschaltet. Die einkehrende Ruhe löst ebenfalls Endorphine aus und versetzt uns in einen wohligen Zustand.

4.

Zum Ausklang

Das Geheimnis des Lebens

Richard Wagner lässt den „Mime" in seinem „Ring" sagen: „Doch was ihr wissen müsst, das wisst ihr nicht." Welch eine zutreffende Feststellung! In unserer Ausbildung wurden wir mit Wissen überfüttert, das sich später großenteils als nutzlos erwies. Landen wir dann im Berufs- oder Eheleben, merken wir bald, dass uns der „Führerschein fürs Leben" fehlt. Offenbar hat man uns nicht in das Geheimnis des Lebens eingeweiht. Wie konnte das passieren, dass man uns ins Wasser warf, ohne uns das Schwimmen beizubringen?

Der Grund dafür ist, dass es unseren Eltern und Lehrern ebenso erging. Auch sie wurden mit unnötigem Wissensballast voll-gepumpt. Bei den so genannten „primitiven" Völkern wird den Jugendlichen gezeigt, wie man lebt. In der Zivilisation hingegen lehrt man uns lediglich, wie wir unsere Brötchen verdienen können. Das hat zur Folge, dass viele neben Geld auch Ansehen und Ruhm erwerben, allerdings meist um den hohen Preis ihrer Gesundheit. Es fehlt uns eben das Wissen um das Geheimnis des Lebens.

Die Urvölker hatten dieses Geheimnis und nutzten es. Doch der materielle Überfluss unserer Zeit ließ uns bei allem Wissen diese Weisheiten vergessen. Der Geist, der alles hervorbringt, wurde durch die materielle Überbewertung vernachlässigt. Die moderne Wissenschaft nähert sich durch ihre bahnbrechenden Entdeckungen wieder den uralten Weisheiten. Es gelingt ihr in zunehmendem Maße, das zu beweisen, was man früher glauben musste.

Was ist nun dieses uralte und von uns so lange vergessene Lebensgeheimnis? Die Wissenschaft hat die große Vernetzung allen Lebens auf unserem Planeten und im gesamten Universum nachgewiesen. Die Weisheitslehren sprachen schon immer davon. Leider wird diese Erkenntnis von uns im Alltag kaum berücksichtigt. Wir glauben immer noch, uns rücksichtslos alles leisten zu können, ohne dafür den Preis zahlen zu müssen. Aber das Gesetz der Einheit lehrt uns, dass alle unsere Aktionen Reaktionen hervorrufen.

Es müssen sich offensichtlich noch viele Katastrophen ereignen, bevor wir begreifen, dass wir das, was wir anderen antun, letztlich uns selbst antun. Erst wenn wir dies verstanden haben, kann der von allen geforderte Frieden endlich Einzug halten. Lippenbekenntnisse allein sind nichts als Lügengespenster. Es geht darum, unsere Einsichten zu praktizieren.

Wir nähern uns dem Lebensgeheimnis beträchtlich, wenn wir die Bedeutung der rechten Schwingung erkennen und anwenden. Alles in der Schöpfung schwingt. Auch Materie ist letztlich verdichtete Schwingung.

Oft haben wir schon erfahren, wie negative Gedanken, Gefühle und Handlungen unsere Stimmung und Schwingung stören und zerstören, wenn uns das auch nicht sofort bewusst wurde. Solche Negativität kann uns die Hölle auf Erden erleben lassen, während uns positive Einstellungen den Himmel öffnen können. Schiller schrieb schon: „Froh wie deine Sonnen fliegen in des Himmels prächt'gen Plan, wandert Brüder eure Bahn, freudig wie ein Held zum Siegen!" Mit diesem grandiosen Wort fordert er uns auf, sich voller Freude in die kosmische Musik einzuordnen.

Die Schwingungen des ganzen Kosmos erzählen von einer herrlichen Harmonie, und wir dürfen uns darin einstimmen. Gelingt uns das nicht, werden wir krank. Unser verzweifeltes Bemühen, eine Heilung von außen her in die Wege zu leiten, wird letztlich immer scheitern. Wir selbst haben unser inneres Schwingungsmuster zu sanieren. Das heißt, wir sollten Gedanken der Liebe, Güte und des Mitgefühls pflegen und in die Tat umsetzen. Heute diktiert das Ego Gedanken des Hasses, der Vergeltung und Rache. Neid und Eifersucht beherrschen dann unser Leben.

Erst wenn wieder die Tugenden unser Dasein bestimmen, ändert sich unser Schwingungsmuster. Die Energien beginnen zu strömen. Auf Rezept können wir uns das weder verschreiben lassen, noch können wir es kaufen. Es ist nur durch Arbeit an unserem Charakter zu erreichen. Das verkünden alle Propheten, und das ist auch der Kern aller Religionen. Die Wissenschaft stimmt dem heute voll zu.

Zwei Eigenschaften, die völlig „unmodern" geworden sind, gilt es unbedingt zu pflegen, nämlich die Dankbarkeit und die Zufriedenheit. Das Ego schätzt diese beiden überhaupt nicht und hat sie total verdrängt. Wenn es uns wieder gelingt, dankbar und zufrieden zu sein, wird sich das auf uns und unsere Umgebung äußerst segensreich auswirken. Auf diese Weise können wir nicht nur gesund, sondern auch heil werden.

Jede gute Eigenschaft löst eine positive Schwingung aus, die auch in unsere Umgebung ausstrahlt. „Und die Welt hebt an zu singen, triffst du nur das Zauberwort", schrieb Joseph von Eichendorff. Dieses Zauberwort ist die Liebe. Sie ist die größte Macht und verkörpert die höchste Schwingung.

Es ist eine Tragik unserer Zeit, dass Sexualität mit Liebe verwechselt wird. Das Ego triumphiert wieder einmal. Liebe hingegen kennt kein Ego, sondern schließt andere mit ein. Die Medien vergolden ständig die Sexualität und führen so bereits die Jugend in die Irre. Wer die Liebe erleben durfte, weiß um ihre segensreiche Schwingung, welche die Sexualität allein niemals erleben lässt. Doch Sexualität, vereint mit Liebe, vermag weitere Türen zu öffnen.

Wer auf dem Weg ist, die rechte Schwingung zu finden, wird immer neue Bereiche entdecken. So wird er z. B. nicht mehr alles wahllos in sich „hineinfressen", sondern sehr bewusst seine Nahrung wählen. Er wird nach Lebensmitteln greifen, die natürlich und unbehandelt sind. Das Naschen, das oft eine Folge von Frust ist, wird weniger werden. Viele gehen zum Vegetarismus über, nachdem sie von den Quälereien in den Massentierhaltungen erfahren haben. Die Schwingungen der Aufzucht und Schlachtung von Tieren sind in vielfacher Weise die Ursache heutiger Katastrophen. Das Buch „Peace Food" von Dr. Rüdiger Dahlke liefert darüber eine hochaktuelle Aufklärung.

Immer mehr werden wir auf unsere Worte achten, um anderen nicht weh zu tun. Böse Worte verletzen nicht nur andere, sondern auch uns selbst. Alles Gute und alles Schlechte kehrt nach dem Resonanzgesetz wieder zu uns zurück. Der Volksmund warnt uns ja schon immer: „Wie man in den Wald hineinruft, so schallt es heraus." Wir werden also stets sorgfältiger mit unseren Gedanken, Gefühlen und Handlungen umgehen. Leicht unterschätzen wir solche „Kleinigkeiten". Diese aber können durch den Schneeballeffekt zu Lawinen werden. Im Talmud steht, dass Gedanken und Gefühle zu Gewohnheiten werden, die den Charakter formen und schließlich das Schicksal bestimmen.

Masaru Emoto hat uns mit seinen Büchern über das Wasser interessante Einsichten über das Leben vermittelt. Sie regen uns an, Achtsamkeit im Alltag zu üben. Positive Schwingungen bauen im Wasser wunderbare Kristalle auf, während negative Schwingungen diese deformieren. Gute Gedanken und Gebete harmonisieren die Wasserkristalle. Emoto beschallte ein Gefäß, in dem Reis war, mit Heavy-Metal-Musik. Dieser Reis verwandelte sich nach einer Woche in eine stinkende, schwarze Masse, während der Reis, den man mit klassischer Musik beschallte, zu einer duftenden Substanz wurde.

Yehudi Menuhin vertrat die Meinung, dass die klassische Musik mit ihren hohen Schwingungen die Welt retten könnte. Diese Musik besitzt aufgrund dieser Schwingungen eine unglaubliche Macht. Pablo Casals, einer der größten Musiker des 20. Jahrhunderts, meinte, ohne Musik wäre er wahnsinnig geworden. Nietzsche sagte, ohne Musik wäre die Welt ein Irrtum. Schopenhauer schrieb: „Keine Kunst wirkt auf den Menschen so tief wie die Musik, eben weil keine uns das wahre Wesen der Welt so tief und unmittelbar erkennen lässt." Es ist längst bewiesen, dass dämonische Menschen ihr Zerstörungswerk durch Musik, die bewusst mit negativen Schwingungen verseucht ist, ausführen.

Für mich waren Musik und Gesang stets wie lebensrettende Engel, die mich durch mein ganzes Leben trugen. Wer auf gute Schwingungen bedacht ist, sollte seine Musik gezielt auswählen, denn das wird großen Einfluss auf sein Leben nehmen. Leider bringt uns das Fernsehen viel zu selten klassische Musik. Die Verantwortlichen befürchten eine zu geringe Einschaltquote.

Wir achten heute zwar auf die Körperhygiene, vergessen dabei aber die Hygiene des Geistes und der Seele. Dadurch aber erlauben wir, dass in uns negative Schwingungen Einzug halten und sich schließlich einnisten. Das ist sehr schädlich für unser gesamtes Wohlbefinden und löst so manche Krankheit aus. Wir glauben, uns durch „spannende" Sendungen und Lektüre abzulenken, in Wirklichkeit aber „kränken" und schaden wir uns. Der allgemein gefürchtete Stress vermehrt sich auf diese Weise nur, und wir verlieren Zeit und Energie.

Wir können hinsichtlich der Achtsamkeit gegenüber Schwingungen nicht sorgfältig genug sein. Mit einem Hinweis auf LST möchte ich dieses Kapitel abschließen. Seit vielen Jahren darf ich erfahren, welch wunderbare Schwingungen dieses Dreigespann bei mir und vielen anderen auszulösen vermag. Es steigerte tagtäglich mein Wohlbefinden und befreite mich schließlich von einer „unheilbaren" Krankheit.

Ich glaube, dass wir das Geheimnis des Lebens entdecken können, wenn wir überall der harmonischen Schwingung auf der Spur sind. Lachen, Singen und Tanzen ist ein Weg, sich von negativen Gedanken und Gefühlen zu befreien und den Weg zur Liebe, zur höchsten Schwingung zu finden: „Und die Welt hebt an zu singen, triffst du nur das Zauberwort!"

Märchenhaftes Leben

Als Kinder waren wir glücklich, wenn wir den Märchen lauschen durften. Eigentlich wurden sie ja für Erwachsene geschrieben. Die Kinder verstehen sie auch noch nicht intellektuell, doch ihr Unterbewusstsein nimmt alles auf und bewahrt es.

Dichter haben in die Märchen ihre Erkenntnisse hineingewoben. Sie mahnen uns darin nicht mit erhobenem Zeigefinger, sondern geben uns Bilder und Geschichten, die wir als Gleichnisse für unser Leben nutzen können.

In allen Märchen werden die Hauptfiguren schweren Prüfungen unterzogen, die sie bestehen müssen. Es gilt, Herausforderungen anzunehmen. Dazu sind Mut und Beharrlichkeit notwendig. Wer als Sieger hervorgeht, wird schließlich reich belohnt.

In unserem Leben gibt es Aufgaben, die manchmal unsere letzten Kräfte erfordern. Die Helden der Märchen können uns lehren, niemals aufzugeben. Ihr Weg beginnt oft ganz unten. Am Anfang triumphiert bisweilen noch das Böse. Auch das erleben wir selbst immer wieder. Leider geben dann viele auf. Doch Widerstände stärken uns, wenn wir sie annehmen und überwinden.

Die Märchenhelden sind meistens von allen verlassen und völlig allein. Kein Mensch hilft ihnen, aber manchmal erhalten sie Unterstützung durch Tiere. Auch wir können von den Tieren sowie von der ganzen Natur viel lernen.

Märchen verweisen uns letztlich in unser Inneres. Sie raten immer, gute Charaktereigenschaften zu entwickeln und einzusetzen und keinesfalls zu lügen und zu betrügen. Schwindler erringen sich zwar zeitweise Vorteile, aber auf lange Sicht gewinnt der Ehrliche durch die Tugenden. Auch wir können erleben, wie eines Tages der Betrug aufgedeckt und bestraft wird. Sagt doch schon der Volksmund: „Lügen haben kurze Beine."

Sicher gibt es manche Untaten bis hin zum Mord, die niemals aufgeklärt werden. Aber jeder, der ein Verbrechen begeht, verletzt sich schließlich immer selbst. Er handelt gegen die eigene Seele: „Was nütze es dem Menschen, wenn er die ganze Welt gewönne, aber Schaden nähme an seiner Seele."

Immer wenn wir aus Egoismus anderen schaden, schaden auch wir uns. Das ist ein geistiges Gesetz, dem sich niemand entziehen kann. Glück und Erfüllung finden wir nur, wenn wir andere nicht verletzen, und noch mehr, wenn wir zum Glück anderer beitragen.

Schließlich geht es uns entweder wie der Gold- oder wie der Pechmarie. Das Leben überschüttet uns mit Freude oder Leid, je nachdem, wie wir es verdient haben. Wir bekommen nicht das, was wir uns wünschen, sondern das, was uns zusteht.

Mit den Jahren wurden mir die Märchen immer wertvoller, und ich verstehe ihre Lehren besser. Sie gleichen den Aussagen aller Propheten und Weisheitslehrer, die uns auch nach innen führen wollen und uns raten, ein Leben in Wahrheit, Rechtschaffenheit, Liebe und Güte zu führen.

LST kann uns einen Impuls geben, diesen Weg zu beschreiten und ihm treu zu bleiben. Der Volksmund bestärkt uns darin, heiter zu sein, zu lachen und zu singen: „Wo man singt, da lass dich ruhig nieder, böse Menschen haben keine Lieder." So kann uns LST helfen, ein märchenhaftes Leben zu führen.

Universales LST

Mit LST integrieren wir uns in die große kosmische Ordnung und erkennen uns als Teil des Ganzen. Alle Weisen, Dichter und Musiker sagen uns seit eh und je auf ihre Weise, dass die ganze Schöpfung lacht, singt und tanzt. Goethe schrieb: „Die Sonne tönt nach alter Weise in Brudersphären Wettgesang, und ihre vorgeschriebne Reise vollendet sie mit Donnergang."

Jeder Planet, jeder Stern hat seinen eigenen Ton und singt sein Lied in der großen kosmischen Symphonie. Außerdem vollführt jeder Himmelskörper einen Rotationstanz um sich selbst und um andere Gestirne.

Die ganze Schöpfung lacht vor Freude. Wunderschön beschrieb dies Schiller in seiner „Ode an die Freude": „Froh wie deine Sonnen fliegen durch des Himmels prächt'gen Plan, wandelt Brüder eure Bahn, freudig wie ein Held zum Siegen."

Auch die Tiere stimmen hier mit überein, wenn sie nicht von uns gequält und misshandelt werden. Nur wir Menschen fallen immer wieder aus der Schöpfungsharmonie heraus und bringen Chaos in die Ordnung des Kosmos. Wollen wir Freiheit und Glück, dann müssen wir wieder lernen, mit dem Schöpfer und der Schöpfung übereinzustimmen. Nur in solcher Harmonie, in solchem Einklang können wir gesund, glücklich und heil werden.

Dabei gilt es, unsere Lebenseinstellung und -führung zu überprüfen und zu verbessern und die Liebe als Leitton unserer Lebensmelodie zu wählen. Die Liebe ist die Quelle, aus der alles entspringt, und das Meer, in das alles mündet. Wir verzetteln uns heute heillos in tausenderlei Dinge und Machenschaften. Doch nur die Liebe kann uns heilen und retten.

Wir lesen diese Botschaft bei vielen großen Dichtern und hören davon in den heiligen Büchern. Mystiker aller Zeiten und Zonen rieten uns schon immer zu dieser Einordnung. Fritjof Capra schrieb z. B. in seinen Büchern „Der kosmische Reigen", „Das Lebensnetz" und „Verborgene Zusammenhänge" über dieses Thema, das uns alle angeht. Die moderne Wissenschaft bewies in den letzten Jahrzehnten jenes geheime Wissen. Nun gilt es, diese Liebe im Alltag uns selbst und allen anderen gegenüber zu leben. Gelebte Liebe ist die einzige Lösung für unsere Probleme. Alles andere ist Hohn und Spott.

So ist es heute möglich, dass Wissenschaft, Kunst und Religion wieder ihre Erkenntnisse in einem harmonischen Dreiklang vereinen, dabei aber selbstständig und unabhängig bleiben.

Indem wir es uns zur guten Gewohnheit machen, LST zu praktizieren, stimmen wir in den großen kosmischen Jubel ein und heilen uns selbst und die ganze Welt. Jeder von uns ist ein einmaliges und wichtiges Teil in der großen Einheit und kann unendlich viel zur Harmonie beitragen.

Auf der Suche
nach dem Lebenselixier

Seit jeher ist der Mensch auf der Suche nach einem Elixier, das ihm ein gesundes und langes Leben ermöglicht. Kunst, Wissenschaft und Religion bieten dazu immer wieder ihre Hilfe an.

Als die Wissenschaftler Anfang des 20. Jahrhunderts die Bakterien und Viren entdeckten und die Pharmaindustrie Mittel zu deren Bekämpfung bereitstellte, glaubte die Schulmedizin, endlich den Sieg über alle Krankheiten errungen zu haben. Der Weg in ein langes und gesundes Leben schien geebnet.

In der Zeit vor diesen bahnbrechenden Entdeckungen haben die Menschen selbst auf ihre Gesundheit geachtet, da ja von außen wenig zu erwarten war. Dann aber verließen sie sich auf die Medizin, auf ihre Krankenversicherungen und das ganze Gesundheitswesen. So verloren sie sich allmählich selbst aus den Augen und übergaben ihre Gesundheit äußeren „Autoritäten".

Bei dieser Entwicklung verkümmerten in zunehmendem Maße das Wissen um die Selbstheilungskräfte und der Glaube daran. Hilflosigkeit und Abhängigkeit nahmen rapide zu. Um alles machten sich die Menschen Gedanken, nur nicht um ihr eigenes

Wohlergehen. Das hatte man an die Schulmedizin und Pharmaindustrie abgegeben.

Im Laufe der Zeit aber leuchtete uns dieser fatale Irrtum immer mehr ein. Das Gesundheitswesen stellt sich heute zunehmend als „Krankheitswesen" heraus. Die Krankheiten nehmen zu, und die Kostendeckung für Ärzte und Krankenhausaufenthalte wird zum großen Problem. Da wir glaubten, uns bei den anfänglichen medizinischen Erfolgen alles erlauben zu können, verschlimmerte sich laufend unser Gesundheitszustand.

Inzwischen suchen viele bei der Alternativmedizin Hilfe. Diese kann aber auch nur dann ursächlich heilen, wenn wir wieder für eine vernünftige Ernährung und Lebensführung zugänglich sind. Das betonten bereits die großen Ärzte der Vergangenheit wie Hippokrates und Paracelsus. Im Taumel des wissenschaftlichen Fortschritts jedoch wurden diese alten Weisheiten vergessen.

Bei der allgemeinen Ratlosigkeit florieren die Geschäfte der Hersteller von Nahrungsergänzungsmitteln. Hier gibt es natürlich große Qualitätsunterschiede. Doch wenn die allgemeine Lebensweise nicht gesundheitsfördernd ist, helfen auch die besten Ergänzungsmittel nur wenig.

Nichts ist so vollständig und gesund wie ein frisches natürliches Lebensmittel aus biologischem Anbau. Diese Produkte enthalten eine Fülle verschiedener Vitamine, Spurenelemente und vieler anderer Stoffe, die kein künstlich hergestelltes Mittel aufweisen kann. Wir haben uns in der Zivilisation leider schon so weit von der Natur entfernt, dass die Einsicht in diese Zusammenhänge mit der Zeit verloren ging.

Weder von der Schul- noch von der Alternativmedizin noch von staatlichen Einrichtungen können wir also das gesuchte Lebenselixier erwarten und beziehen. Alle Religionen und Weisheitslehren haben uns stets den Weg nach innen gewiesen und wollten uns von irreführender äußerer Abhängigkeit befreien. Große Dichter zeigten uns ebenfalls diesen Weg auf. Der Rausch des Fortschritts im 20. Jahrhunderts machte uns jedoch blind und taub für diese Wahrheiten.

Die heutige Konsumwelt und die gesamten Medien wollen uns mit Genuss, Unterhaltung und Zerstreuung füttern und betäuben. Sie preisen ständig schmackhafte Mittel an, die aber mehr dem Hersteller als dem Käufer dienen.

So ist es jedem von uns selbst aufgegeben, sich sein eigenes Lebenselixier zu brauen. Dass das möglich ist, hat die Wissenschaft inzwischen längst nachgewiesen. Ebenso gibt es immer wieder Menschen aus der Vergangenheit und Gegenwart, die für sich dieses Elixier fanden.

Dass aber so wenige Menschen Gebrauch davon machen, dieses Mittel selbst herzustellen, hängt hauptsächlich damit zusammen, dass es Arbeit und Verzicht kostet. Man kann es keinesfalls kaufen und einfach nur schlucken. Notwendige „Bestandteile" sind eine gute Lebensführung, genügend Schlaf, eine gesunde Ernährung, Verzicht auf schädliche Genussgifte, die Kontrolle der Gedanken, Gefühle und Handlungen und die Entwicklung von Tugenden. Letztlich enthält die Liebe alle Tugenden. Dr. John Diamond schrieb immer wieder, dass sie unser eigentlicher Lebensmotor ist. „Jede Krankheit", so meint er, „ist ein Verstoß gegen die Liebe." Entscheidend für die Gesundheit ist auch, dass wir mit unserem Beruf, der eigentlich unsere Berufung sein sollte, den Mitmenschen dienen.

Wir sehen, dass die Bestandteile unseres Lebenselixiers nichts Neues sind. Es gab sie schon immer. In archaischen Kulturen, in denen die Religionen noch gelebt wurden, wussten die Menschen darum. Mit Reden allein können wir das Lebenselixier nicht brauen. Auf jeden Fall müssen wir Ordnung in unser Leben bringen.

Lachen, Singen und Tanzen kann uns wieder Türen für eine rechte Lebensumstellung und -einstellung öffnen. Alle Urvölker huldigen diesen „heilenden Riten", und alle gesunden Kinder lachen, singen und tanzen, bis wir sie „eines Besseren belehren".

LST zeigt uns den Weg zum Handeln, den Weg zu Heiterkeit und Liebe. Es bringt Sonne in die Dunkelheit. Ich kann es als wichtigen Bestandteil Ihres Lebenselixiers nur empfehlen. Nach vielen Enttäuschungen und Krankheiten habe ich gelernt, es selbst herzustellen. Der Preis dafür waren Einsicht, Übung und Verzicht. Wir hören heute das Wort „Verzicht" nicht gerne, da wir auf Genuss getrimmt sind. In der Bhagavadgita, der Bibel östlicher Religionen, heißt es: „Nur durch Verzicht ist Unsterblichkeit zu erringen."

Ich möchte Sie also ermutigen, Ihr eigenes Lebenselixier herzustellen.

Lied

Lache ins Weinen hinein,
auf Regen folgt Sonnenschein.
Jede Nacht hat einen Morgen,
jede Not, die hat ein End'.
Drum vergiss heut deine Sorgen
und der Freude dich zuwend'.

Freude ist die Sonne des Lebens,
Freude ist das Glück.
Freude nur kann alles dir geben,
Freude bringt das Glück.

Dieses Lied ist mit weiteren Liedern, die unser Leben bereichern, auf CD über meine Adresse erhältlich.

Danksagung

Vielen Menschen habe ich zu danken. Letztlich sehe ich heute in jeder Begegnung ein Geschenk.

Besonderen Dank schulde ich wiederum meiner Frau, die mir die aufwendige Computer- und Korrekturarbeit abnahm.

Meinem verehrten Verleger Herrn Vogel und seinem gesamten Team gebührt Dank für sein großes Verständnis und die schöne Gestaltung meiner Bücher in seinem Verlag.

Literaturverzeichnis

1) Atmung:

Iding, Doris: *Die heilende Kraft des bewussten Atmens.* Knaur Verlag, München, 2004

Middendorf, Ilse: *Der erfahrbare Atem.* Junfermann Verlag, Paderborn, 1984

Dr. Nakamura, Takashi: *Das große Buch vom richtigen Atmen.* Scherz Verlag, München, Wien, 1984, 2. Auflage

Wolf, Klara: *Integrale Atemschule.* Humata Verlag, Bern, 4. Auflage

2) Ernährung:

Dr. Dahlke, Rüdiger: *Peace Food.* Verlag Gräfe und Unzer, München, 2012, 2. Auflage

Höcker, Bernd: *Vegetarier-Handbuch.* Höcker Verlag, Hamburg, 2007, 3. Auflage

Waerland, Are: *Der Weg zu einer neuen Menschheit.* Humata Verlag, Bern, 4. Auflage

3) Heilung, Selbstheilung:

Dr. Benson, Herbert: *Heilung durch Glauben.* Wilhelm Heine Verlag, München, 1966

Braden, Greg: *Im Einklang mit der göttlichen Matrix.* Koha Verlag, Burgrain, 2007, 2. Auflage

Chopra, Deepak: *Dein Heilgeheimnis.* Wilhelm Heyne Verlag, München, 1995

Church, Dawson: *Die neue Medizin des Bewusstseins.* VAK Verlag, Freiburg, 2009, 3. Auflage

Cousins, Norman: *Der Arzt in uns selbst.* Verlag Rowohlt, Hamburg, 1996

Dr. Dacher, Elliot S. : *Ein Kurs in Selbstheilung.* Verlag Bauer, Freiburg, 1997, 1. Auflage

McDermott, Ian und O'Connor, Joseph: *NLP und Gesundheit.* VAK Verlag, Freiburg, 1997

Devillard, Anne: *Heilung aus der Mitte.* Driediger Verlag, Ibbenbüren, 2011, 1. Auflage

Edwards, Harry: *Praxis der Geistheilung.* Andreas Möchler Verlag, Riehen (Schweiz), 2010, 2. Auflage

Gallegos, Eligio Stephen: *Indianisches Chakra-Heilen.* Peter Erd Verlag, München, 1997, 3. Auflage

Grof, Stanislav: *Das Abenteuer der Selbstentdeckung.* Kösel Verlag, München, 1987

Dr. Immermann, Alan M. : *Selbstheilungskräfte.* Verlag Gondrom, Bindlach, 1999

Keller, Peter K. : *Heilung durch unbegrenzte Energien* (incl. CD mit Heilgesängen), Via Nova Verlag, Petersberg, 2006, 1. Auflage

Koppe, Angelika: *Mut zur Selbstheilung.* Diametric Verlag, Würzburg, 2004

Köster, Rudolf: *Heilen kannst nur du dich selbst.* Kösel Verlag, München, 1998

Kuby, Clemens: *Heilung – das Wunder in uns.* Kösel Verlag, München, 2007, 5. Auflage

Kuby, Clemens: *Mental Healing.* Kösel Verlag, München, 2010

Laskow, Leonard: *Heilende Energie.* Hugendubel Verlag, München, 1995

Lazarus, Petra: *Die Lazarus-Methode.* Ullstein Verlag, Berlin, 2006, 1. Auflage

Lipton, Bruce H. : *Intelligente Zellen.* Koha Verlag, Burgrain, 2008, 6. Auflage

Lipton, Bruce H. : *Spontane Evolution.* Koha Verlag, Burgrain, 2009, 1. Auflage

Dr. Michel, Peter: *12 Gesetze der Heilung.* Aquamarin Verlag, Grafing, 2011, 1. Auflage

Möbius, Jill: *Das Geheimnis der richtigen Schwingung.* Via Nova Verlag, Petersberg, 2010, 3. Auflage

Myss, Caroline: *Mut zur Heilung.* Knaur Verlag, München, 2000

Dr. med. Niestroj, Irmgard und Dr. med. Pflugbeil, Karl J.: *Immun durch positives Denken.* F. A. Herbig Verlagsbuchhandlung, München, 1998

Schäfer, Angela: *Die heilende Kraft des Dankens.* Aquamarin Verlag, Grafing, 2006, 1. Auflage

Schmid, K. O. : *Der innere Arzt.* Helmut Theodor Frick Verlag, Pforzheim, 1984, 5. Auflage

Shealy, C. Norman und Myss, Caroline: *Auch du kannst dich heilen.* rororo, Hamburg, 1998

Silva, José: *Der Heiler in dir.* Wilhelm Goldmann Verlag, München, 1990

Dr. Stelzl, Diethard: *Im Einklang mit der universalen Ordnung.* Verlag Via Nova, Petersberg, 2005, 1. Auflage

Stolp, Hans: Die erlösende Kraft des Verzeihens. Aquamarin Verlag, Grafing, 2005, 1. Auflage

Stümpfig-Rüdiger: *Jin Shin Juyutsu – Die Heilkraft liegt in dir.* Via Nova Verlag, Petersberg, 2009, 1. Auflage

Svirinskya, Alla: *Deine geheime Kraft.* Ullstein Verlag, Berlin, 2006, 1. Auflage

Weil, Andrew: *Spontanheilung.* Bertelsmann Verlag, München, 1995, 1. Auflage

Zehentbauer, Josef: *Körpereigene Drogen.* Artemis und Winkler Verlag, Düsseldorf, Zürich, 1997, 7. Auflage

4) Lachen, Singen, Tanzen

Ghazal, Eluan: *Bauchtanz, Wellen des Körperglücks.* Ariston Verlag, München, 1995

Dr. Kataria, Madan: *Lachen ohne Grund.* Via Nova Verlag, Petersberg, 2010, 2. Auflage

Keller, Peter K. : *Singen als schöpferischer Akt.* Florian Noetzel Verlag, Wilhelmshaven, 1996, 2. Auflage

Leppelt-Lemmel, Gabriela: *Lach-Yoga schenkt Lebensfreude.* (DVD), Via Nova Verlag, Petersberg, 2011

5) Lebensführung und Lebenskunst:

Chopra, Deepak: *Der Jugendfaktor.* Verlagsgruppe Lübbe, Bergisch Gladbach, 2002

Chopra, Deepak: *Bewusst glücklich.* Ullstein Verlag, Berlin, 2007

Keller, Peter K. : *Das kleine Buch der Lebenskunst.* Via Nova Verlag, Petersberg, 2008, 1. Auflage

Keller, Peter K. : *Das kleine Buch der Lebensweisheit.* Via Nova Verlag, Petersberg, 2009, 1. Auflage

Keller, Peter K. : *Mein kleines Buch der Lebensfreude.* Via Nova Verlag, Petersberg, 2010, 1. Auflage

Keller, Peter K. : *Mein kleines Buch der Liebe.* Via Nova Verlag, Petersberg, 2011, 1. Auflage

Tepperwein, Kurt: *Mein persönliches Verjüngungsbuch.* Wilhelm Goldmann Verlag, München, 2008, 1. Auflage

Seminare - Kontaktadresse

Seminare mit Peter und Konstanze Keller:

Die Workshops sind geeignet, das ganze menschliche Potenzial zu entfalten. Sie sind ein Abenteuer, das Körper, Geist und Seele einschließt und harmonisch miteinander verbindet. Die Stimme spielt dabei eine gewisse Rolle, da sie für alle Bereiche Diagnose und Therapie bietet.

Bei den Teilnehmern aller Alters- und Berufsgruppen zeigte sich immer wieder eine umfassende Persönlichkeitsentfaltung.

Seminarthemen sind u. a.

- Aktivierung der Lebensenergie
- Beseitigung von Energieblockaden
- Selbsterfahrung – Selbstheilung
- Die Stimme als Energiequelle

Kontaktadresse

Institut für Persönlichkeitsentfaltung
Energietraining – Stimmbildung
Peter K. Keller
Postfach 209 • Michel-Marti-Str. 17
D-88427 Bad Schussenried
Tel. 07583 / 4413 • Fax 07583 / 4311
e-mail: pk.keller@t-online.de
www.peterklauskeller.de

Weitere Bücher aus dem Verlag Via Nova:

Mein kleines Buch der Lebensfreude
Quelle der Kraft
Peter K. Keller

Hardcover, Geschenkbuch, 192 Seiten,
ISBN 978-3-86616-156-6

Ein fröhlich Herz ist das ganze Leben. Die Freude ist die Quelle der Kraft für die Bewältigung unseres Lebens. In Kellers drittem Büchlein steht die Lebensfreude im Mittelpunkt. Der Autor erzählt von Freudequellen und Freudekillern, Freudehaltungen und Freudeschaltungen, und wie in seinen beiden bereits erschienenen Büchern über Lebensweisheit und Lebenskunst – arbeitet er viel persönliche Erfahrungen mit ein, bringt Geschichten und Affirmationen, Ermutigungen und Reflexionen, und er achtet immer auf praktische Umsetzbarkeit in den Alltag.

Das kleine Buch der Lebenskunst
Lebensweisheit, die wir
in der Schule nicht lernten
Peter K. Keller

Geschenkbüchlein, Hardcover, 192 Seiten,
ISBN 978-3-86616-096-5

„Alles hat man herausgefunden, nur nicht, wie man lebt", schrieb Jean Paul Sartre. Auch unsere Erziehung hat uns meist nicht beibringen können, welche Energien in uns stecken, wie wir diese entdecken, entfalten und zum eigenen Wohl und für unsere Mitwelt wirkungsvoll und heilsam einsetzen. Das Buch von P.K.Keller regt an, über das eigene Leben nachzudenken, und zeigt in kurzen Reflexionen und Geschichten anschaulich und humorvoll Lebens und Überlebensstrategien auf. Die einzelnen Denkanstöße, die auch selektiv gelesen werden können, sind Ergebnisse reicher Erfahrung und können dem Leser helfen, seine Probleme besser zu verstehen und zu bewältigen. Zusammenfassungen und Affirmationen prägen sich ein und ermutigen, die Erkenntnisse im Alltag umzusetzen. Dieses Buch der Lebenskunst ist ein Schlüssel zur Erfüllung der eigenen Wünsche, zur sinnvollen und erfolgreichen Lebensgestaltung.

Mein kleines Buch der Liebe
Liebe im alltäglichen Leben verwirklichen
Peter K. Keller

Geschenkbuch, Hardcover, 192 Seiten,
ISBN 978-3-86616-202-0

Ohne Liebe bleibt auch das sonst erfolgreiche Leben ohne Erfüllung. Wissen und Erfahrung über die Liebe aber sind und bleiben oft dürftig. Dieses Buch bietet einen leichtverständlichen „Kurs in Liebe", ist ein Leitfaden für das Labyrinth der Liebe, die von allen Seiten beleuchtet wird. Der Autor lässt Weise und Künstler zu Wort kommen und seine eigenen reichhaltigen und tiefgründigen Lebenserfahrungen humorvoll mit einfließen. Die Selbstliebe wird als Voraussetzung für die Nächstenliebe gesehen. Jeder, der diesen „Leitlinien" folgt und an sich arbeitet, kann ins verlorene Paradies der Liebe heimfinden.

Das kleine Buch der Lebensweisheit
Lebenskunst im Alltag
Peter K. Keller

Hardcover, Geschenkbuch, 192 Seiten,
ISBN 978-3-86616-132-0

Wie schon „Das kleine Buch der Lebenskunst" bietet auch dieses neue Buch P. K. Kellers praktische Lebenshilfe im Alltag. Aus den anschaulich und humorvoll beschriebenen Lebensweisheiten, die auch selektiv gelesen werden können, kann der Leser immer wieder Erkenntnisse gewinnen, die sein Leben bereichern, die Wissen mit Liebe verbinden und die ihm helfen, seine Zeit und Energie für sinnvolle Ziele einzusetzen, seine Alltagsprobleme zu lösen und sich dabei wohlzufühlen. Der Autor versteht es, schwierige Sachverhalte und Zusammenhänge einfach darzustellen. Er schreibt glaubwürdig und überzeugend aus eigener Erfahrung, fördert die Selbsterkenntnis und Eigeninitiative des Lesers. Seine direkte Ansprache und die Einbeziehung des Lesers schaffen Vertrautheit. Ratschläge und Affirmationen prägen sich ein und regen an, sie im Alltag anzuwenden. Ein Register ermöglicht schnellen Zugriff auf wichtige Fragen und Antworten.

Heilung durch
unbegrenzte Energien
Ein Selbsthilfeprogramm für jedermann
Audio-CD mit Heil-Gesang des Autors
Peter K. Keller

Hardcover, 176 Seiten, 3 Grafiken, ISBN 978-3-86616-033-0

Dieses neue, einzigartige Selbsthilfeprogramm gibt einen Schlüssel in die Hand, das gesamte menschliche Potenzial zu erschließen. Es zeigt auf anschauliche Weise, wie sich jeder an ein unendliches Energie-Reservoir anschließen und stets daraus schöpfen kann. Dabei erhält der Leser wertvolle Anregungen, um ein positives Selbstbild aufzubauen, das geeignet ist, das Leben erfolgreich zu gestalten. Wichtige Erkenntnisse der modernen Wissenschaft, der Kunst und Religion über das Thema des Buches werden zusammengefasst. Der Verfasser wendet sie in seinem Buch an und bezieht die verschiedenen Wahrnehmungskanäle des Menschen mit ein. Er benutzt unter anderem hierfür ein Energiebild, in dessen Heilwirkung der Leser sofort einsteigen kann. Außerdem hat der Autor eingängige Lieder komponiert, die uns wie gute Freunde begleiten. Sie helfen uns, loszulassen und neu anzufangen, vermitteln uns eine positive Lebens-Einstellung und befreien uns von alten, krank machenden Konditionierungen. Der Autor selbst war so krank, dass er von den Ärzten aufgegeben wurde. Er heilte sich aus eigener Kraft und gibt in diesem Buch seine Erkenntnisse und Erfahrungen weiter. Yehudi Menuhin über den Heil-Gesang des Autors: „Ich war sehr berührt."

Gönn dir dein Glück
Im Hier und Jetzt mit Freude leben
Urs-Beat Fringeli

Paperback, 176 Seiten, ISBN 978-3-86616-241-9

Dieses „Kraft-Buch" ist eine Anleitung zum Glück, anwendbar in den verschiedensten Lebenssituationen. Mit jedem Abschnitt wird die Einstellung des Lesers dahingehend bestärkt oder verändert, dass er mehr Gelassenheit und Lebensfreude erfährt und einübt und die wahren und schönen Momente auskostet. Es überrascht durch viele Anregungen, dem Augenblick zu vertrauen, das Leben zu bejahen: Mut zum Leben, zu autonomem Denken und Handeln, zu sinnvoller Veränderung bewirken Erfolg und Glück, wie die Beispiele erfolgreicher und glücklicher Menschen bestätigen.

Jeder kann glücklich sein

Ein Versprechen
Michael Peter

Geschenkbuch, Hardcover, 144 Seiten,
ISBN 978-3-86616-239-6

Dieses Buch lädt zu einer Reise ein, seine Sehn-
süchte, Träume, Ziele zu verwirklichen. Der Autor gibt Anregungen, Anleitungen und Beispiele,
wie man selbstverantwortlich die geistigen Gesetze, z.B. der Kausalität und Resonanz, nutzen
kann, um erfolgreich und glücklich zu werden.
Dieses Geschenkbuch vermittelt praxisnah und
anschaulich Erkenntnisse und Wissen über das
Zusammenspiel von persönlicher Zielfindung, vorherrschender Denkweise,
bestimmter Emotionen und den geistigen Gesetzen. Jedem, der den Mut hat
und die Kraft aufbringt, sie zu verwirklichen und zu befolgen, verspricht der
Verfasser ein glückliches Leben.

Das Buch der Selbstheilung

Mit Imagination die inneren Potentiale
stärken und entfalten
Heilsame Übungen für die Reise nach innen
Alexandra Kleeberg

Paperback, 352 Seiten, ISBN 978-3-86616-244-0

Die Autorin komponiert Selbstheilungstechniken
aus verschiedenen Kulturen und Zeiten in einen
für uns heutige Menschen entwickelten Kanon
der Heilung: Wo die Energie den heilenden Vorstellungen, den inneren Bildern folgt, verwirklicht
sich Gesundheit im Körper. Auf spielerisch leichten und tiefgründig weisen
Pfaden werden die Leser/Innen durch das Kraftfeld der Imagination geführt.
Sie können eintauchen in das Meer unendlicher Möglichkeiten und Heilung
erlangen. Mit Exkursen in die Welt der Forschung und der Einbeziehung der
Archetypen von C.G. Jung, mit einer begeisterten Beschreibung der wichtigs-
ten gesundheitsfördernden Grundeinstellungen, mit bunten Imaginationen
und vielen praktischen Übungen werden Verstand, Seele und Körper ganzheitlich aktiviert, damit sich Selbstheilung vollzieht. Schon beim Lesen kann
Heilung beginnen.